Gerald Grosz

Freiheit ohne Wenn und Aber

ARES VERLAG

Für meine Mutter.

GERALD GROSZ

FREIHEIT
OHNE WENN UND ABER

ARES VERLAG

Umschlaggestaltung: DSR Werbeagentur Rypka GmbH, 8143 Dobl/Graz, www.rypka.at
Umschlagabb. Vorderseite: Lex Karelly Photography, Schmiedgasse 21, 8010 Graz

Bibliografische Information der Deutschen Nationalbibliothek
Die Deutsche Nationalbibliothek verzeichnet diese Publikation in der Deutschen Nationalbibliografie; detaillierte bibliografische Daten sind im Internet unter https://www.dnb.de abrufbar.

Erklärung des Verlages
Gerald Grosz publiziert in Zeitungen und Zeitschriften wie „Österreich" und „Deutschland Kurier" und tritt regelmäßig in der Sendung „Fellner LIVE!" auf OE24.tv auf. Teile einiger im vorliegenden Buch abgedruckter Texte sind zuvor bereits in Kolumnen und Gastkommentaren veröffentlicht worden.

Hinweis: Dieses Buch wurde auf chlorfrei gebleichtem Papier gedruckt. Die zum Schutz vor Verschmutzung verwendete Einschweißfolie ist aus Polyethylen chlor- und schwefelfrei hergestellt. Diese umweltfreundliche Folie verhält sich grundwasserneutral, ist voll recyclingfähig und verbrennt in Müllverbrennungsanlagen völlig ungiftig.

Auf Wunsch senden wir Ihnen gerne kostenlos unser Verlagsverzeichnis zu:
Ares Verlag GmbH
Hofgasse 5 / Postfach 438
A-8011 Graz
Tel.: +43 (0)316/82 16 36
Fax: +43 (0)316/83 56 12
E-Mail: ares-verlag@ares-verlag.com
www.ares-verlag.com

ISBN 978-3-99081-072-9

Layout: Ecotext-Verlag Mag. G. Schneeweiß-Arnoldstein, Wien

Inhalt

Vorwort

von Claudia Haider

„Freiheit“. Ein Begriff, mit dem sich mein Mann Jörg Haider Zeit seines Lebens intensiv auseinandergesetzt hat. Mehr noch, die Freiheit des Einzelnen durch die Befreiung aus den Zwängen des allgegenwärtigen Parteien- und Proporzstaates war ihm mehr als 30 Jahre lang Berufung und zugleich Auftrag für sein gesamtes politisches Wirken. Im Jahr 1993 fasste er seine inhaltlichen Betrachtungen im viel beachteten Buch „Die Freiheit, die ich meine“ zusammen.

Jahrzehnte später sind seine Forderungen aktueller denn je, seine Thesen allgemeingültig geworden. Heute finden sich die inhaltlichen Standpunkte des Buches zwar in vielen programmatischen Werken wieder, doch dreht sich das Rad der Entwicklung mehr als ein Jahrzehnt nach seinem Tod wieder zurück, wir gehen wieder den Weg der Unfreiheit. Meinungsfreiheit, das Recht auf Freiheit der eigenen Identität, das Recht auf Freiheit in Sicherheit sind in Gefahr. Wahrscheinlich mehr denn je. Es sind gesellschaftliche und politische Umbrüche, die einer breiten kritischen Öffentlichkeit Kopfzerbrechen bereiten. Die Gefahr ist, dass sich der einzelne Mensch mit der Einschränkung seiner Freiheit abfindet, gleichgültig gegenüber diesem höchsten Gut der Aufklärung wird. Es freut mich daher, dass der Autor Gerald Grosz, treuer politischer Weggefährte meines Mannes, sich des Themas Freiheit in seinem nunmehr vorliegenden Werk in all den Facetten der Freiheitsbe- und -einschränkung widmet. „Freiheit ohne Wenn und Aber“ ist keine Fortsetzung der bisherigen Literatur, sondern eine gegenwärtige Bestandsaufnahme und ein flammendes Plädoyer für unsere Freiheit. Mögen sich viele dieser Gedanken annehmen und diesem Beispiel folgen.

April 2021

Freiheit ohne Wenn und Aber

Einleitung

Seit Jahrtausenden bewegt den Menschen die Sehnsucht nach individueller Freiheit, er dürstet danach, blutige Kriege und Revolutionen schlug und schlägt er dafür, opferte und lässt sein Leben auch heute noch. Jedes Volk, jede Nation, jeder Mensch sehnte und sehnt sich doch danach. Alle Epochen der Geschichte vereinen sich im ewigen Kampf der Unfreien für ihre Freiheit. War die Freiheit in der Antike ein Privileg der Oberschicht, ist sie spätestens mit der Aufklärung zumindest auf unserem Kontinent ein verbrieftes Gut, ja ein scheinbar gesichertes Grundrecht aller Menschen, unabhängig von ihrer Hautfarbe, ihrer Herkunft, ihrem Geschlecht oder ihrem Alter geworden. Freiheit, dieser heute inflationär verwendete Begriff, der uns gegenwärtig so selbstverständlich erscheint, aber in dem nun am Horizont aufziehenden Zeitalter der neuen Unfreiheit brüchiger denn je ist. Steuern wir tatsächlich auf ein neues Biedermeier zu? Nein, vielmehr stecken wir bereits mittendrin. Der diese Epoche beherrschende Ungeist eines bekannten Vertreters der Entrechtung der Bürger, Metternichs, ist in der Moderne angekommen. Die Freiheit wird wieder ein exklusives Privileg einer kleinen Minderheit, einer neuen, von allem Besitz ergreifenden „Oberschicht“, die sich über die Allgemeinheit erhebt. In allen Bereichen unseres Daseins sind wir von einer schleichenden Einschränkung unserer persönlichen Freiheit umgeben. Denn die Freiheit ist für uns selbstverständlich geworden, für die jüngeren Generationen immer da gewesen, und dieser Umstand birgt die große Gefahr des endgültigen Verlustes.

Der Mensch im 21. Jahrhundert: Wir waren so frei, uns seit der Aufklärung von der vermeintlich einengenden Religion, die übrigens auch nur Freiheit verhieß, zu entfernen, wir sind so frei, auf den Mond zu fliegen, wir nutzen die Freiheit der Wissenschaft, um Sonden auf den Mars zu schicken. Die Freiheit des Denkens brachte uns die Errungenschaften unserer Zeit in Wissenschaft, Medizin, Kunst, Kultur und Literatur. Der Wunsch nach Freiheit überwand noch in den 1990er-Jahren unter Einsatz des persönlichen Lebens der betroffenen Völker den kommunistischen Zwangsstaat Jugoslawien, überwand die Teilung Europas in West und Ost, zwang den Kommunismus in die Knie. Die freie Rede, beseelt durch den freien menschlichen Geist, ist Fundament unserer heutigen Demokratie, die wir trotz des Wissens um ihre Fehlerhaftigkeit zumindest als vornehmste und gerechteste Form, ja als Ideal unseres Zusammenlebens zu Recht und im Wissen um die Zerstörungskraft der Alternativen verehren. Verehren, aber leider nicht kraftvoll verteidigen! Denn wir sind blind geworden gegenüber den vielfältigen Gefahren, die dieser Freiheit, diesem unverbrüchlichen Wert, diesem Kitt unserer Gemeinschaft heute gegenüberstehen. Wir sind taub geworden gegenüber den politischen wie medialen Schlachtrufen, die der Freiheit entgegenschallen. Die Feinde der Freiheit sind schnell ausgemacht, wenngleich man sie mittlerweile nur unter Repressalien der alles beherrschenden Nomenklatura benennen darf. Es sind die Feinde der Freiheit der Rede, des Denkens, des Eigentums – ja, es ist eine sich als elitär empfindende Minderheit, die sich dank ihres Einflusses über die träge Mehrheit zu erheben versucht und jeden Millimeter gegen unsere Freiheit auch mithilfe des Relativismus als der hässlichen Missgeburt der Moderne erkämpfen will. Übersetzt: An jedem Tag, an dem wir uns in die Fänge der Bequemlichkeit begeben, an jedem Tag, an dem wir nur mehr das eigene Ich sehen und das „Wir" vergessen, verlieren wir ein Stück unserer Freiheit. Wir sind müde und behäbig geworden, arrangieren uns mit den Angriffen auf unsere Freiheit. Wir merken nicht einmal mehr, wie sich dieser Wert nach unten nivelliert. Heute, im 21. Jahrhundert, glauben wir zwar noch, frei zu sein, sind es aber längst nicht mehr. Wir befinden uns aus eigenem Verschulden inmitten eines Zeitalters, in welchem der ohnedies nur noch romantisch verehrte Begriff Freiheit in höchster Gefahr, vielleicht schon verloren ist. Wir wiegen uns in einer trügerischen Sicherheit, ja fast in einer Blindheit und wahrscheinlich auch in einer Art Unglauben, dass diese Freiheit jemals in Gefahr sein könnte. Ein Blick nur wenige Jahrzehnte zurück, ein aktueller Blick auf andere Kontinente reicht, um zu wissen, wie schnell es um uns und unsere Rechte geschehen sein kann. Ein Blick in die mehr oder weniger gleichgeschalteten Medien, ein Ohr für die schablonenhaften Reden der wertelosen Politiker – sich lediglich einig in der Kultivierung ihres eigenen Egoismus – reicht, um zu sehen und zu hören, dass wir uns mit Lichtgeschwindigkeit in eine neue Form der Autokratie begeben, in der wir am Basar der politischen Kultur unsere Freiheit gegen eine neue „Sicherheit" tauschen.

Die Freiheit ist nicht rechts, sie ist nicht links, sie muss in einer Gesellschaft immer vorn sein! Und sie ist die einzige Basis, im Wissen um die Größe dieses Wortes, für eine Weiterentwicklung unserer Zeit, unserer Gesellschaft. Der deutsch-britische Politiker Lord Ralf Dahrendorf sagte einst: „Von der Freiheit ohne Wenn und Aber reden heute nur wenige. Die Mehrheit redet eher von Gerechtigkeit." Diese heutige Gerechtigkeit meint im Ergebnis nur Gleichheit. In dieser Gleichheit kann Freiheit nicht entstehen!

Die Freiheit ist letztlich jener Begriff, jener Wert, für den es sich auch im 21. Jahrhundert zu kämpfen lohnt, für welchen man angesichts der vielfältigen, ja fast erdrückenden Gefahren auch kämpfen muss. Dieses Buch ist eine Bestandsaufnahme und zugleich ein flammendes Plädoyer für die Freiheit in unser aller Leben!

Die Freiheit der Meinung

Die wohl am meisten gefährdet scheinende Freiheit ist in unseren Tagen die Meinungsfreiheit. Der mündige, einst meinungsfreie Mensch ist eingekesselt von den sich seit Jahrzehnten etablierenden Zwängen wider die freie Rede. Wir konsumieren die etablierten Medien, wir hören und sehen die Vertreter der politischen Nomenklatura, die in Wort und Schrift den Säulenheiligen der Freiheit unseres Kontinentes, wie Thomas

Morus, Voltaire und vielen anderen, publikumswirksam huldigen und gleichzeitig deren Geist in ihrer konkreten, täglich gelebten und zur Schau gestellten Tat widersprechen, ja uns schlussendlich die Freiheit unserer Meinung rauben. Keine Ansprache dieser Vertreter eines schleichenden Meinungsdiktates, die nicht die Freiheit der Meinung und Rede einerseits publikumswirksam ehren und die dunklen Zeitalter der Diktaturen verteufeln würde, während sie in ihrem konkreten Handeln alles daran setzen, die Denk-, Meinungs- und Redefreiheit einschränken, sie zu reglementieren versuchen, sie in Wahrheit zensurieren. Denn die Meinungshoheit wird langsam, aber sicher wieder ein Gut der Mächtigen. Bildlich offenbart sich dies in der verlockenden Freiheit der neuen Medien. Facebook, YouTube, Twitter usw. gaukeln uns in allen wunderbaren Farben vor, an jedem Ort und zu jeder Zeit Herren der von uns in diese Kanäle eingespeisten Meinungen zu sein. Es ist eine Lüge, bewiesenermaßen. Es wird zensiert, es wird gesperrt, es werden nicht nur die Kanäle, es wird damit die elektronische Existenz des Betroffenen gelöscht. Alles, was nicht in den vorgegebenen Rahmen dieser gesteuerten Meinungsmonopolisten passt, darf nicht sein, findet nicht statt, wird getilgt. Der Mensch hat sich eben im Wege der Entwicklung des nun allgegenwärtigen Internets in diesem virtuellen Raum eine neue Realität, ein zusätzliches Leben geschaffen. Noch glaubt das einzelne Individuum, frei zu sein, und noch nie war die Täuschung so groß. Operiert wird auf diesen Plattformen mit den jeweiligen Geschäftsbedingungen, die uns auf den harten Boden der Realität zurückholen, dass diese Netzwerke eben keine Räume der ins Internet verlegten absoluten Meinungsfreiheit sind, sondern streng nach wirtschaftlichen Interessen – unter Einfluss der jeweiligen Regierungen – regulieren, verurteilen, tilgen. Das Leben wurde zwar ins Virtuelle verlegt, seine Freiheit durfte der Mensch, auch Nutzer genannt, aber nicht mitnehmen. Er unterwirft sich in dieser neuen Welt auch nicht demokratischen Gesetzen, sondern politischen wie ökonomischen Interessen der monopolistischen Eigentümer. Die Zensur ist absolut, die Entscheidungen sind undurchschaubar, man ist der Willkür von Algorithmen ausgesetzt. Besorgniserregend, denn diese bunten Plattformen sind Moloche, schwarze Löcher, die uns zwar aufsaugen, aber uns „drinnen" jegliche bürgerlichen Rechte verwehren. Natürlich muss sich auch die Meinungsfreiheit einer Ordnung unterwerfen. Und zwar nur einer: dem Strafrecht! Dies, nur dies, und nicht Mark Zuckerbergs politische Einstellung, sein persönlich und damit rein subjektiv gestalteter Moralbegriff, sollte der ideelle Gartenzaun sein, innerhalb dessen sich Meinungen, Ideen und Reden frei und ungehindert bewegen können. Das Paradoxe ist, dass wir, obwohl wir durch die neuen Medien eine neue subjektive Freiheit verspüren, in unseren Äußerungen noch nie so eingeengt waren. Und was machen die Regierungen? Sie unterstützen diese Einschränkung, sie gehen im Gleichschritt mit diesen Monopolisten auf Meinung, mit einer Verschärfung von Verhetzungsparagrafen, der Erfindung virtueller Hassdelikte. Statt sich wehrhaft als Demokraten zu beweisen, sich gegen die Begehrlichkeiten einiger Weniger zu stellen, werden von unseren bisher geltenden Gesetzen ohnedies längst umfasste und ahndbare Einzeltäter als willkommener Anlass genommen, der Meinungs- und Redefreiheit auch noch die Verfolgung durch die Justiz gegenüberzustellen. Sowohl in Österreich als auch in Deutschland und der Schweiz tobt die Diskussion. Wenn man sich die jährlichen Zahlen dieser Delikte ansieht, stehen sie in keinem Vergleich zum Plan der Regierungen, mit dem vorgeschobenen Kampf gegen Hass und Hetze im Netz eigentlich die freie Meinung tilgen zu wollen. Es entsteht eine sogenannte Anlassjudikatur mit weitreichenden Folgen. Als ob man für jeden Rülpser am Stammtisch ein Gesetz gebraucht hätte, wird es uns heute als die Eier legende Wollmilchsau, als Notwendigkeit für Friede, Freude und Eierkuchen in unserer Gesellschaft verkauft.

Die gegenwärtigen Einschränkungen der Meinungsfreiheit begannen recht früh, ehrlicherweise noch vor dem Zeitalter des Internets. Es begann mit der politischen Korrektheit, die sich heute wie die Renaissance der heiligen Inquisition erhebt, um zu urteilen, um zu neutralisieren, um schlussendlich zwar nicht mehr zu verbrennen, gottlob, aber die Meinung zu unterdrücken. Die politische Korrektheit als zeitgeistiges Schutzschild vor freier Rede, als moderne Erfindung einer Minderheit, dient nicht nur dazu, in der täglichen Debatte um die Zukunft der Welt zu täuschen und zu tarnen, sie dient auch der Verfälschung der Geschichte und am Ende der Wahrheit unserer Existenz.

Heute muss sich jeder dieser Form des Meinungsdiktates unterwerfen, schon allein aus einer berechtigten Angst heraus, bei Widerspruch die eigene soziale, finanzielle oder politische Existenz zu verlieren. Die politische Korrektheit, sie kommt so vornehm und geschmeidig daher, so gut und human, so elegant und elitär, so intellektuell, sie verschafft Respekt und Autorität. Am Ende ist sie nichts von all dem, sie ist die pure Lüge, Erfindung einer Ideologie, ja hat sich selbst zur Ideologie ausgewachsen.

Darüber hinaus steht sie im klaren Widerspruch zur Freiheit auf die Artikulation der Logik. Allein in Europa sehen wir täglich, wie die politische Korrektheit sich über die Wahrheit erhebt und die Freiheit der Meinung und Rede einschränkt. Wenn wir beispielsweise an das Jahr 2015 denken, dieses Annus horribilis der Gesetzlosigkeit, in dem regierende Politiker Hand in Hand mit Teddybären auf Bahnhöfen und an Grenzübergängen den Rechtsstaat außer Kraft setzten, um unter dem Schutz eines vorgeblichen Humanismus ihre Agenda des Multikulturalismus durchzusetzen: Da erklärte die politische Korrektheit als neue moralische Majestät die Richtigkeit des Handelns von Politikern gegen die eigenen Gesetze, gegen die eigene Bevölkerung, gegen die Demokratie! Sie sprach das Urteil, war Täter, Verteidiger und Richter in einem. Die Gesetze wehrten sich nicht, die Institutionen hielten die Füße still. Denn die lauten Kritiker dieser staatlich angeordneten Anomie – übrigens eine klare Mehrheit der Bevölkerung – wurden unter dem Deckmantel der politischen Korrektheit im Verbund mit Medien und Kirchen in ihrer Meinung bekämpft, als Rassisten, Ausländerfeinde, als Rechtsextreme, ja sogar als Nazis handstreichartig neutralisiert. Selbst vor diesen jenseitigen Vergleichen, also vor der Verharmlosung der Gräuel des Nationalsozialismus, der Millionen von Toten und dieses schrecklichen Leides, vor der Nennung dieser einzigartigen Ausgeburt des Bösen schreckte man nicht zurück, um Menschen in ihrer dem regierenden Establishment entgegenstehenden Meinung zu beschränken, sie dieser zu berauben, ja am Ende ihre persönliche Integrität zu diskreditieren. Die politische Korrektheit behübscht eben nicht nur, sie negiert nicht nur, nein, sie pervertiert die Wahrheit bis zur Unkenntlichkeit und sorgt als neues, an die Stelle der Bevölkerung inthronisiertes Regulativ der letzten Jahrzehnte dafür, dass die Meinungsfreiheit weiter an Boden verliert. Noch mehr: Die politische Korrektheit stellt sich als neu kreierte moralische Instanz – wohlgemerkt ohne gewachsene moralische Wurzeln – einer Minderheit gegen intellektuelle Redlichkeit, gegen Naturgesetze, gegen die Wissenschaft, gegen unverbrüchliche Fakten, gegen die Geschichte und deren Erforschung, ja gegen die Logik. Der Meinung des aufgeklärten, von Natur aus in Masse leichtgläubigen, weil bequemen Menschen wird ein künstlicher, nicht prüfbarer, hauptsächlich ideologisch konstruierter Moralbegriff gegenübergestellt, der, als absolute und einzige Wahrheit schleichend anerzogen, jeglichen Widerspruch unterbinden, ja sogar kriminalisieren soll. Der Durchschnittsbürger wird unter Generalverdacht gestellt, als ob er das Wort „Nigger“ brüllend, behinderte Menschen als „Depperln“ beleidigend und Homosexuelle anpöbelnd durch die Gassen laufen würde. Die politische Korrektheit wird als Notwendigkeit dargestellt, Bürger zu Respekt und Wertschätzung zu zwingen. Im Umkehrschluss wird unterstellt, dass sich die Mehrheit der Menschen unseres Planeten von der zwischenmenschlichen Beziehung des Neandertalers nicht unterscheiden würde. In Wahrheit ist die politische Korrektheit nur die Fortsetzung aller bisherigen Versuche, die Meinungsfreiheit einzuschränken, unter dem Deckmantel, die Welt anständiger zu machen. Sie ist die neue, gegenwärtige Form des Faschismus, des Kommunismus, des Nationalsozialismus. Ja, diese Diktaturen haben es auch an sich gehabt, nicht schon zu Anbeginn ihrer katastrophalen Entwicklung den gesamten Bauchladen des Bösen, der Massenvernichtung, der Zerstörung, der Armut für alle sichtbar zu präsentieren. Diese Vernichtungsideologien zielten in ihren Anfängen vergleichsweise harmlos „nur“ auf die notwendige Einschränkung der Meinungsfreiheit ab. So wie die politische Korrektheit, die unter dem hehren Ziel, die Welt und den Menschen zu verbessern – auch hier unterscheidet sie sich nicht von den plakativen Formulierungen der Nazis und der Kommunisten –, eine neue, für alle geltende Meinung begründet. Dass sie diskreditiert, kriminalisiert, lügt und verleumdet, verschweigen die Vertreter geschickt. Wer glaubt, die Verleumdung als Mittel der Wahl, um andere Meinungen zum Verstummen zu bringen, sei eine gegenwärtige Erfindung, irrt. Alle Autokratien, und zwar wirklich alle, die sich am Ende ihres Weges als Diktaturen entfalteten, eint, in ihren Anfängen die Meinung Andersdenkender zu verleumden, um sie dann zu unterdrücken, sie zu verbieten und im Endergebnis die Andersdenkenden und -meinenden zu vernichten. Das Verbieten anderer Meinungen und das Verleumden anderer Gesinnungen waren und sind der Schuhlöffel für weiterreichende Einschränkungen, die in ihrem Finale immer auf das Ende der physischen wie psychischen Freiheit des einzelnen Bürgers abzielen.

Die Verleumdung und die daraufhin stattfindende Ausgrenzung als zwei der vielfältigen Folterinstrumente der politischen Korrektheit nennen sich heute *Cancel Culture*. Schon viele wurden zu ihrem Opfer, im deutschsprachigen Raum jüngst die höchst umstrittene Kabarettistin Lisa Eckhart. Ihr wurde Antisemitismus unterstellt, ihre Vorstellungen hat man daraufhin boykottiert. Der Begriff *Cancel Culture* ist neu, die Methode ist es ganz und gar nicht. Gehen wir zurück in das Jahr 1988 und die weltweite Aufregung um Salman Rushdies Werk „Die satanischen Verse". Seine Auseinandersetzung mit dem Propheten Mohammed brachte ihm im Folgejahr das in Form einer Fatwa ausgesprochene Todesurteil durch den iranischen Ajatollah Khomeini ein, jederzeit und überall von aufrechten Muslimen zu vollstrecken. Rushdies Auftritte sind bis heute von Protesten und Drohungen begleitet, mit dem einen Ziel, ihn und seine Werke, seine kritische Rede unhörbar zu machen, ihn zur Aufgabe und zum endgültigen Rückzug zu zwingen. Insofern können sich die heutigen Vertreter der linken *Cancel Culture* auf die Schultern klopfen: Sie haben wenigstens diesbezüglich mit einem blutigen, antisemitischen, islamischen Terroristen und Diktator etwas gemein. Man weiß aber zumindest durch solche und ähnliche Schicksale, wes Geistes Kind die politische Korrektheit, ihre Vertreter und deren Instrumente in Wahrheit sind.

Die 1990er gelten als Geburtsära der politischen Korrektheit in unseren Breiten. Im Zuge der kritischen Auseinandersetzung breiter Teile der Bevölkerung mit den Auswirkungen einer zügellosen Zuwanderungspolitik, des Imports nationaler, religiöser und ethnischer Konflikte, schwappte diese politische Korrektheit als Nachgeburt politischer Strömungen der '68er, als erklärter Feind der freien Rede von den USA aus auf unseren Kontinent. Wer beispielsweise nicht uneingeschränkt für den Multikulturalismus, die Toleranz gegenüber allem und jedem als Staatsziel Nr. 1 eintrat, sich dieser Ideologie mit Haut und Haar verschrieb, wurde *a priori* als Ausländerfeind diffamiert, in seiner Meinung neutralisiert. Mit in den Chor der Meinungsdiktatoren stimmten sämtliche Medien, Kunst- und Kulturschaffenden, Wirtschaftskapitäne und Promis ein, und auch die Religionsgemeinschaften ließen sich vor den Karren der vermeintlich guten Sache spannen. Jeder, der nicht stromlinienförmig in das Hochgebet der politisch verordneten Multikultigesellschaft einfiel, konnte somit von Anfang an damit rechnen, in allen wesentlichen Gesellschaftsbereichen als amoralischer, inhumaner Paria angesehen zu werden. Im Ergebnis war nicht nur die Meinungsfreiheit eingeschränkt, sondern das persönliche Fortkommen, also die Existenz, in Gefahr gebracht. Viel schlimmer traf es nur noch die medienöffentlichen Kritiker dieser Politik, die jahrelang vornehmlich von Aktivisten des linken politischen Spektrums vertreten wurde. In Österreich war es ein Jörg Haider, dessen Kritik am System ihm sogar Vergleiche mit Adolf Hitler einbrachte. Und seinen Mitstreitern wie auch seinen Wählern ging es nicht anders. Letzteren wurde zumindest rhetorisch die Zurechnungsfähigkeit abgesprochen, ja sogar das Wahlrecht infrage gestellt. In Deutschland hätte es angesichts ähnlicher, um nicht zu sagen: deckungsgleicher Ansichten und Äußerungen wohl Altkanzler Helmut Schmidt oder den bayerischen Übervater Franz Josef Strauß getroffen. Deren Glück war aber dann letztlich doch, dass sie unantastbare Säulenheilige ihrer Großparteien waren. Der FDP-Politiker Jürgen Möllemann hatte nicht so viel Glück. Seine kritischen Bemerkungen über die Konflikte im Nahen Osten trugen ihm den Vorwurf des Antisemitismus ein, seine Karriere war *de facto* beendet, sein früher Tod wurde vom politischen Establishment kaum beweint. Bis heute hat sich diese spezielle Form der Einschränkung der Meinungsfreiheit etabliert. Man erinnere sich in der jüngeren Vergangenheit an die Bücher eines Thilo Sarrazin, der in seinen Schriften – weit entfernt von jeder Ideologie – nur Zahlen und Fakten sprechen ließ, demografische Hochrechnungen veröffentlichte und sich rasch im Lager der Aussätzigen wiederfand. Man rufe sich auch Henryk M. Broder in Erinnerung, und seine treffende Kritik am politisch korrekten Zeitgeist. Obwohl er selbst Mitglied einer Opferfamilie der NS-Zeit ist, entblöden sich Gegner seiner Person und seiner Äußerungen nicht, ihn in die Nähe des Antisemitismus zu rücken. Ihr Ziel ist klar: Die Ansichten eines Antisemiten, eines Nazis, eines Rechtsextremen sind keine Meinung, sondern ein Verbrechen. Und mit einem Verbrecher und dem rhetorischen, dem von ihm inhaltlich vertretenen „Verbrechen" braucht man sich nicht auseinanderzusetzen. Er wird damit sozial, gesellschaftlich und finanziell für vogelfrei erklärt. Ja, um heute noch eine Meinung zu haben und diese zu vertreten, braucht man Mut.

Man vergegenwärtige sich diesbezüglich die Situation jener Kritiker am Islam, die als islamophob – als sei diese Religion eine Rasse – abgestempelt werden. Dass ebendiese Religion in ihrem Ursprung – historisch vollkommen wertfrei betrachtet – invasiv, aggressiv, frauenfeindlich und in eine aufgeklärte Gesellschaft des 21. Jahrhunderts kaum konfliktfrei integrierbar ist, darf zumindest aus Gründen der im Widerspruch zur Meinungsfreiheit und zur wissenschaftlichen Redlichkeit stehenden politischen Korrektheit nicht gesagt werden. Auch die Tatsache, dass eine Auslegung des Islam als religiöse Basis für die meisten Terroranschläge auf europäischem Boden fungiert, darf nicht mehr straffrei thematisiert werden. Und selbst kritische Gläubige des Islam selbst, die in Europa eine liberale Ausprägung ihrer Religion etablieren wollen, trifft die öffentliche

Vorführung als islamophobe Verräter wie ein Fallbeil. Sie werden nicht nur von Medien, politischen Parteien und Vertretern der politischen Korrektheit angeprangert, sie werden in ihrem Leben und in letzter Konsequenz in ihrem Recht auf körperliche Unversehrtheit beschnitten. Sie stehen in unserer Scheinwelt der absoluten Freiheit unter ständigem Polizeischutz.

Und genau diese Entwicklung – zumindest in der anfänglich abgeschwächten Form, nur die Meinung und Rede des anderen zu diskreditieren – erleben wir seit 2020, dem Jahr des allgemein verordneten Corona-Diktats auf Basis einer zuvor geschickt verbreiteten Hysterie und Angst. Diese Pandemie führt uns vor Augen, wie verletzlich unsere Freiheit geworden ist, wie teilbar, wie relativierbar sie ist, und wie sie binnen weniger Wochen ohne große Widerstände eingeschränkt wird, wie leichtfertig der einzelne Mensch auf seine Grundrechte verzichtet, sie herschenkt aus Angst vor der abstrakten Gefahr, die Politik und Medien gezielt auf die Spitze treiben. Niemals hätte ich es im 21. Jahrhundert in all dem von allen Seiten beschworenen Geist der Freiheit für möglich gehalten, dass der einzelne Bürger seine Freiheitsrechte freiwillig hergibt, sich in eine neue Normalität begibt, in der er mühsam um seine alten Rechte bitten und betteln muss. Man quält eben den Bürger so lange, bis ihm jedes Mittel recht erscheint. Auch das seiner eigenen Entrechtung.

Aller Anfang war das Virus und das staatlich verordnete Diktat, dass es sich hierbei um eine Furcht einflößende, alles dahinraffende, also absolut tödliche Erkrankung handele. Jeder Widerspruch war zwecklos, denn die Kritik an den im Frühjahr 2020 einsetzenden Maßnahmen wurde prompt als Hochverrat von Sozialdarwinisten, also schrecklichen Individuen, denen Menschenleben nichts wert sind, die die Freiheit nur im Tod der anderen sehen, abgetan. Die Panik wurde von der Politik mittels der größtenteils gleichgeschalteten Medienlandschaft – Ausnahmen bestätigen die Regel – verordnet, man musste glaubhaft Angst verspüren, ja die oktroyierte Panik inhalieren und sich öffentlich dazu bekennen, denn alles andere wäre unsolidarisch gewesen. Der logische Hausverstand, eine mit Augenmaß und Besonnenheit vorgebrachte und vorgenommene

Einordnung dieser Erkrankung und des absehbaren Risikos für die Menschheit wurden pauschal als drastische, verantwortungslose Leugnung der doch so fürchterlichen Wahrheit abqualifiziert und in ihrer Dimension der Krankheit selbst gleichgesetzt. Allein der anfängliche Vergleich zwischen Corona und Grippe wurde als verschwörerisch, als staatsgefährdend abgetan. Heute wird klar, das Corona-Virus – Mutationen hin oder her – lässt 99,8 % der Menschen erfolgreich gesunden. Für 0,2 %, vor allem für schwer vorerkrankte und alte Menschen, endet die Infektion tödlich. Also sind wir exakt bei der Letalität der Grippe, der saisonalen Influenza. Auf eine Richtigstellung der medialen und politischen Giftmischer, auf eine Entschuldigung gegenüber den Verleumdeten wartet man bis heute vergeblich.

Es begann auch hier mit der Einschränkung der Meinungsfreiheit durch jene, die in einer Art von moralischer Selbstüberhöhung die Einheitsmeinung zu dieser Corona-Hysterie prägten. Auf die Einschränkung der Meinungsfreiheit folgte die staatlich organisierte Bevormundung. Die Regierung diktierte nun dem verdutzten Bürger, was für ihn gut und was für ihn schlecht sei. Die Freiheit des Lebens und das damit verbundene Risiko wurden ihm abgenommen. Es folgte die Einschränkung von Grund- und Freiheitsrechten wie des Demonstrationsrechtes, eigentlich als unantastbar geltender Bestandteil der Europäischen Menschenrechtskonvention, und endete mit Zwängen in Form des Eingriffes in die persönliche Unversehrtheit von Menschen durch eine Zwangsimpfung. Es begann mit der Einschränkung der Meinung, der sichtbaren Anlegung eines Maulkorbes, es folgte das Ende der Freiheit auf Arbeit. Und mit dem Finale des mit den Maßnahmen einhergehenden Verlustes des Wohlstandes jedes Einzelnen endete die Freiheit des jeweiligen Menschen in seiner Gesamtheit. Wer nicht die verordnete Regierungsmeinung vertritt, wird zum Freiwild erklärt, als „COVIDiot" abgestempelt, und selbst die althergebrachte Nazikeule wurde aus der Rumpelkammer der politischen Auseinandersetzungen der 1990er zurückgeholt und musste herhalten. Die Corona-Diskussion führte selbst den unkritischen, obrigkeitsgläubigen Teilen der Bevölkerung vor Augen, wie schnell sich das Rad der Unfreiheit zu drehen beginnt, wie angreifbar dieser Wert über Nacht wird. Ein kleines Virus, die geschürte Angst ob seiner gesundheitlichen Folgen, infektiöser als das Virus selbst, und den Globus hebt es aus den Angeln.

Die Medien als selbst ernannte vierte Macht im Staate: Die verbreitete Behauptung, die Medien fänden sich in den Verfassungen und Grundgesetzen als eigene Säule der Demokratie, ist falsch; sie tun größtenteils das Ihrige, diese Entwicklung in all den bereits genannten Bereichen zu befeuern. Statt die Meinungsfreiheit als Voraussetzung für eine plurale Gesellschaft auch in ihrem ureigenen Interesse einer garantierten Pressefreiheit zu verteidigen, stehen sie in Masse zielsicher auf der Seite der Unterdrücker. Unter Bruch der intellektuellen Redlichkeit wird die Wahrheit im Interesse dieser politischen Korrektheit in Form des Auftrittes eines Gutmenschen oder eines besorgten Virologen mit Vorsatz verfälscht, werden Fakten im besten Fall negiert, im schlechtesten Fall verdreht. Jene selbst gewählten Instrumente einer Gesellschaft zur objektiven Informationsvermittlung machen sich langsam, aber sicher zu Handlangern einer Minderheit von Meinungsdiktatoren. Wir erleben dies täglich, als die uns unter tragischen Umständen begleitende Summe des Jahres 2015, im Rahmen der Berichterstattung des sogenannten Einzelfalles. Wir sehen dies in der Darstellung der geschickt verschleierten Realität im Zusammenhang mit der Corona-Debatte, die uns gerade 2020/21 ausgerechnet durch öffentlich-rechtliche Medien, die zu einer besonderen Zuverlässigkeit verpflichtet wären, mundfertig in die Haushalte geliefert wurde.

Und wenn wir an die seit Jahren tobende Kampagne um den Klimawandel denken, dessen Gefahren von Politik wie Medien gezielt überhöht werden, um politische Interessen durchzusetzen, wird einmal mehr klar, dass vermeintlich freie und unabhängige Medien die ihnen zugeschriebenen Prämissen längst über Bord geworfen haben. Kein Wetterereignis, das nicht gezielt mit dem Klimawandel in Verbindung gebracht würde. Und sei diese Argumentation auch noch so falsch. Seit Jahrhunderten ist Venedig, die alte Stadt auf Stelzen inmitten der

Lagune, vom „Aqua Alta“ betroffen. Wenn der Herbst auf den richtigen Wind und die entsprechenden Gezeiten trifft, marschieren die Venezianer und an ihrer Seite Millionen von Touristen in Gummistiefeln. Im Regieplan der Medien, wonach die Welt unter einer menschengemachten Erwärmung leide, wird dieses jährlich erscheinende Hochwasser in Norditaliens Lagune dem Klimawandel zugerechnet. Wie auch die Verwaldung der Almen, die nun auf den Titelseiten jener journalistischen Produkte der Umerziehung abgebildet wird, welche noch vor wenigen Jahren großflächig vor einem Waldsterben warnten. Oder der uns seit der Industrialisierung begleitende Smog, der nun im Zuge der Klimawandeldebatte als neuartiger Feinstaub firmiert. Apropos Feinstaub: Dieser wird zum Anlass genommen, den Individualverkehr zu reglementieren, also die Bewegungsfreiheit der Menschen einmal mehr einzuschränken. Die Tatsache, dass während des coronabedingten Lockdowns im Jahr 2020 der Individualverkehr nahezu zum Erliegen kam, die Feinstaubwerte sich aber nicht deswegen verbesserten, wird verschwiegen. Man könnte ja den kritischen Menschen auf die gefährliche Idee bringen, über sich selbst, seinen Wohlstand, seine Freiheit und die Widersprüchlichkeit des Journalismus und dessen Erkenntnisse in Bezug auf den Klimawandel nachzudenken. Die Klimawandeldebatte, von einer minderjährigen Schwedin gezündet, die von den Medien rasch zur Heiligen auserkoren wurde, zielt direkt und unverblümt auf unsere Freiheit ab. In Deutschland wird über das Verbot von Einfamilienhäusern debattiert, in Österreich wurden die Steuern auf den Individualverkehr erhöht, die Verbots- und Bevormundungspolitik greift in das Eigentum der Bürger ein. Und die Journaille steht an der Seite der Bevormunder, ist der nützliche Idiot der Agenda, begleitet diese Kampagne mit der Verfälschung wissenschaftlicher Erkenntnisse, mit der vorsätzlichen Weglassung der ganzen Wahrheit. In den USA wurden diese Methoden unter dem Schlagwort „Fake News“ zusammengefasst, ein Begriff, der die Kraft gehabt hätte, die Medienlandschaft wieder zur erklärenden Objektivität zu zwingen, wenn nicht der Wortschöpfer, der heutige Ex-US-Präsident Donald Trump, sich im gleichen Stil wie die von ihm kritisierten Medien der „alternativen Fakten", auch eine Form der gezielten Lüge, bedient hätte. Den Teufel treibt man doch nicht mit dem Beelzebub aus!

Medienvertreter verstehen sich heute nicht mehr als Teil des Volkes, für dessen Aufklärung sie zu sorgen hätten, sondern als Teil der erzieherischen, der selbst ernannten intellektuellen Elite. Das ist ihnen auch nicht zu verübeln, denn warum sollte ausgerechnet ein Journalist nicht nach Höherem streben dürfen? Die Damen und Herren Redakteure, die Herausgeber, sie wollen nicht nur als Beobachter dabei sein, sie wollen eben als vollwertige Mitglieder des beherrschenden Establishments wahrgenommen werden. Bestes Beispiel für eine solche Entwicklung ist die große österreichische Boulevardzeitung „Kronen Zeitung". Einst von Zeitungslegende Hans Dichand ins Leben gerufen, immer den sensiblen Finger an der Denke des Volkes haltend, sich auch gegen die Regierungen und die kommenden und gehenden Kanzler richtend und gegen deren Politik sogar erfolgreich im Interesse der Bürger und eigenen Leser kampagnisierend, hat sie sich in den letzten Jahren von diesem Erfolgsrezept wegbewegt. Die Damen und Herren Redakteure wollen eben nicht mehr die schmutzige Arbeit im Dienste der Aufklärung leisten, sie wollen willkommene, anerkannte, respektierte Mitglieder der oberen Zehntausend sein. Sie verhabern sich mit den Mächtigen, verraten aber dafür die eigenen Leser, mehr noch, sie richten sich mit ihrer Berichterstattung direkt gegen die Meinung der Bevölkerung! Die Folge ist absehbar. Das einstige Flaggschiff österreichischer Medien verliert täglich Leser.

Ich breche an dieser Stelle eine Lanze für diese Branche: Auch Journalisten haben, wie alle Menschen, das Recht auf eine politische Meinung, auf die höchstpersönliche Wahrheit. Im Beruf hingegen wären sie angesichts ihres breitenwirksamen und meinungsmachenden Standes zur absoluten Unabhängigkeit und Objektivität verpflichtet; dort dürfte die persönliche Meinung sich bestenfalls auf den Kommentar, aber doch niemals auf die gesamte Berichterstattung erstrecken. Wer den Journalismus als Mittel der Freiheit und damit als echte Stütze der Demokratie ernst nimmt, darf sich nur an echter Wahrheit, an der intellektuellen Redlichkeit orientieren, hat mit seiner persönlichen Meinung von Berufs wegen hinter dem Berg zu halten. Der objektive Journalismus ist eben kein Instrument zur Verbreitung höchstpersönlicher Weltanschauung, er belehrt auch nicht, sondern informiert, und es obliegt dem Konsumenten, und zwar nur ihm allein, aus den bereitgestellten Informationen seine Schlüsse zu ziehen.

Die hingegen eindeutig vorherrschende ideologische Prägung der Mehrheit des Journalismus lässt sich damit erklären, dass gerade die Medien als Aufmarschgebiet für parteipolitische Interessen in absoluter Vereinnahmung gehalten werden, ja selbst die Journalistenausbildung einem immer wiederkehrenden ideologischen Diktat aus der gleichen Ecke folgt.

Jüngstes mir in Erinnerung gebliebenes Beispiel für die vorsätzliche Verschleierungstaktik der Medien ist die Berichterstattung über den Terroranschlag in Wien vom 2. November 2020. Obwohl relativ rasch klar war, dass es sich dabei um ein religiös motiviertes Attentat auf das öffentliche Leben der österreichischen Bundeshauptstadt handelte, fabulierte ein Moderator des Öffentlich-Rechtlichen Österreichs stundenlang von einem möglichen „Amoklauf". Denn was nicht sein darf, über das wird auch nur sehr widerspenstig berichtet. Denn die Bestätigung, dass Österreich als jahrzehntelange Insel der Seligen nun auch von einem islamistischen Terroranschlag getroffen wurde, wäre wohl ein zu großes Eingeständnis des Scheiterns des politischen wie medialen Meinungsdiktates einer „multikulturellen Gesellschaft ohne Wenn und Aber", einer Implementierung des sogenannten liberalen Islam in Österreich gewesen. Nicht vergessen werden darf die Tatsache, dass ausgerechnet die öffentlich-rechtlichen Medien aus dem Umstand heraus, als neutrale Berichterstatter eines Landes wahrgenommen werden zu wollen, einer besonderen Sorgfalt verpflichtet sind. Als Beweis für die Verletzung dieser Sorgfaltspflicht rufe ich die Berichterstattung dieser staatlich finanzierten Medienunternehmen im Zuge des „Brexit" in Erinnerung. Monatelang trommelten sie, samt ihren aus Wien und Berlin instruierten Korrespondenten in Fernsehen und Hörfunk, nach dem „Brexit" würden die Supermarktregale im Vereinigten Königreich leer bleiben, die Menschen aufgrund des Austrittes aus der Europäischen Union mit Hunger und einer neuen Armut konfrontiert sein, Großbritannien einem finsteren Zeitalter der Unterdrückung, der sozialen Ungerechtigkeit, der brennenden Barrikaden entgegensehen. Der „Brexit“, der freie Volksentscheid der Briten, wurde vollzogen – von Armut, Unruhen und leeren Supermarktregalen keine Spur. Die Medien berichteten nicht objektiv, sondern erfüllten den Auftrag, im sehenden und hörenden Volk keine Zweifel an der Richtigkeit einer fortdauernden EU-Mitgliedschaft des eigenen Landes zu säen; sie wollten nicht berichten, sondern schlicht beeinflussen, Stimmung gegen die aufkeimende EU-Kritik machen. Positiver Nebeneffekt: EU-kritische Parteien wurden somit geschwächt, also auch das höhere innenpolitische Interesse im Auftrag der Regierung bedient.

„Wes Brot ich ess, des Lied ich sing“, könnte man fast entschuldigend zur Verteidigung der Damen und Herren im öffentlich-rechtlichen Bereich einbringen. Das Brot kommt aber vom Bürger, in Form von Steuern und Gebühren, und nicht vom weiterreichenden Politiker, der ja nur der Vertreter des Volkes ist. Die Journalisten dürfen nur der Wahrheit und dem Volk verpflichtet sein, keinem höheren Wesen, das sich Kanzler nennt und sich mit Presseförderung und millionenschweren Kampagnenvolumen Meinung erkauft. Denn nicht anders kann man die Berichterstattung rund um die Corona-Krise bewerten. Die immer wiederkehrenden Fotos von zum Bersten gefüllten Leichenhallen, die sich dann teilweise als Archivfotos von einem Schiffsunglück vor Lampedusa herausstellten. Oder die falsch gedeuteten Zahlen und Statistiken, wo man unter absichtlicher Aussparung der gesamten statistischen Wahrheit dem Diktat der Angst folgte, zulasten der Freiheit. Das wochenlange Spiel mit den Sterbestatistiken ist uns noch gut in Erinnerung, wo Corona – wenig überraschend – an die Spitze der Todesursachen rutschte, weil halt auf Herzinfarkte, Krebserkrankungen und weiteres gesundheitliches Ungemach schlichtweg vergessen wurde. Hier unterstützten Medien aus Angst und Panik jene Agenda, die dazu führte, dass dem verunsicherten Bürger schlussendlich jede Maßnahme, und zwar wirklich jede Willkür und Repressalie, recht wurde. Und nicht zuletzt das Spiel mit den wöchentlichen Mutationen des SARS-CoV-2 darf nicht unerwähnt bleiben. Als im Herbst 2020 die Bereitschaft der Bürger nachließ, den einschränkenden Maßnahmen der Regierung zu folgen, wurde die sogenannte Briten-Mutation als Nachfolger des China-Virus ins Spiel gebracht. Als sich herausstellte, dass dieser Mutation die Luft ausging, zumindest was die verbreitete Hysterie betraf, kam das Südafrika-Virus hinzu. Und als dieses nach ungefähr vier Wochen nicht mehr zog, folgten die Brasilien-, die New-York-Mutation und viele andere. Auch die Auswahl redaktionsfremder Experten ist beachtlich. Kritische Experten kommen in einem Großteil der Medienhäuser im deutschsprachigen Raum nicht vor, sie dürfen nicht vorkommen. Ausgenommen hiervon sind zweifelsohne „ServusTV" des Red-Bull-Milliardärs Mateschitz und die Produkte des Fellner-Medienhauses, „oe24" bzw. „Österreich". Sowohl Dietrich Mateschitz als auch Wolfgang Fellner haben sicherlich ihre politische Meinung, diese hindert aber beide Medienmacher nicht daran, alle Meinungen des gesamten Spektrums zu Wort kommen zu lassen. Beide Medienhäuser strahlen mittlerweile in den gesamten deutschsprachigen Raum, weit über Österreich hinaus, weil sie Debatten zulassen, die in Deutschland oder der Schweiz mittlerweile undenkbar scheinen.

Der Großteil der Medienlandschaft, und zwar europaweit, verfolgt eine andere Agenda: Belehrung, Umerziehung, Linientreue zur politischen Korrektheit, zu den jeweiligen Machthabern, ihrer Ideologie, ihrem Geld. Dass ausgerechnet jene Medien, die sich diesem Diktat und der dahinterstehenden politischen Agenda unterworfen haben, dann selbst zum Ziel der von ihnen geschürten einseitigen „bunten Vielfalt" werden, zeigt das französische Beispiel von „Charlie Hebdo". Die Mitarbeiterinnen und Mitarbeiter dieser Redaktion zahlten für die Freiheit ihrer Meinung und ihres Humors auf Kosten einer einschränkenden Religion den höchsten Preis, sie zahlten mit ihrem Leben. Und auch hier zeigt sich: Der Weg von der Einschränkung der Meinungsfreiheit für viele zur Gewalt durch einige wenige ist ein kurzer!

Freies Denken und freie Rede stehen heute einflussreichen Feinden gegenüber, die sich bildlich mit Messern im Mund gegen diese aus der Aufklärung entstandenen Werte mit aller Vehemenz zur Wehr setzen. Es soll Freiheit gespielt, aber nicht gelebt werden. Eine Phalanx aus Politik und Medien tilgt das freie Wort über Zuwanderung, über Klimawandel, über „Corona", über den Islam mit ihren einflussreichen Instrumenten. Freies Denken und freie Rede sind unteilbar! Nein, sie dürfen nicht relativiert werden, sie dürfen nicht zwischen „guter" und „böser" freier Rede gegeneinander ausgespielt werden. Freiheit ohne Wenn und Aber, das gilt für Denken und Reden!

Die Freiheit in Sicherheit

Benjamin Franklin sagte einst: Wer die Freiheit aufgibt, um Sicherheit zu gewinnen, der wird am Ende beides verlieren.

Freiheit ist Geborgenheit. Der demokratische Staat als Hüter der Freiheit hat die Pflicht, für die Rahmenbedingungen des friedlichen Zusammenlebens seiner Subjekte größtmöglich zu sorgen. Freiheit garantiert eben auch die körperliche Unversehrtheit der Staatsbürger, die sich in Freiheit zusammenfinden. Jeder Mensch hat das Recht auf Freiheit in Sicherheit – möchte man meinen. Das Gegenteil ist mittlerweile der Fall, der Bürger verliert beides. Um den Preis der auf einer ganz bestimmten politischen Richtung vertretenen abstrakten, weil auf alle Lebensbereiche ausgedehnten und damit kaum fassbaren „Toleranz" wird die Freiheit zugunsten der dadurch notwendig gewordenen neuen Sicherheit eingeschränkt. Unsere Gesellschaft verkommt dabei immer mehr zu einem Versuchslabor, wir sind die dazugehörigen Kaninchen. Generationen von Menschen setzten nach den Wirren des letzten Weltkrieges alles daran, die größtmögliche Freiheit des Individuums in größtmöglicher Sicherheit zu ermöglichen. Spätestens mit den wirtschaftlichen Begehrlichkeiten einzelner Staaten Europas, die einen Zuzug von Einwanderern forderten, und mit einer auf der '68er-Generation fußenden multikulturellen Gesellschaft wurde ein Mehr an Sicherheit zulasten der Freiheit des einzelnen Staatsbürgers notwendig. Der regelrecht provozierte demografische Umbruch, die Hereinnahme anderer Kulturen und Sitten, der politisch gewollte Zuzug von Menschen aus Ländern unterschiedlicher zivilisatorischer Geschwindigkeiten erzeugten ein neues Sicherheitsbedürfnis. In einem Satz: Wir bauten die uns bisher vor ungezügelter Einwanderung und Ungemach aller Herren Länder schützenden Zäune an den Grenzen ab, um zum Schutz der Bürger Betonpoller in unseren Innenstädten zu errichten. Wir lösten die Grenzeinheiten der Exekutive auf, um die Personalstände unserer Sicherheitsbehörden in Städten und Gemeinden aufzustocken. Als Folge der Terroranschläge in New York am 11. September 2001 beschlossen die meisten Länder der westlichen Hemisphäre strengere Sicherheitsgesetze, die die Freiheit einer Mehrheit einschränkten, um die zügellos importierte Minderheit an Terroristen auszuforschen. Antiterrorgesetze, neue Fahndungs-, Überwachungs- und Ermittlungsmethoden, die mithilfe eines geschaffenen Pauschalverdachtes tief in die Freiheits- und Grundrechte der Menschen eingreifen. Der einfache, rechtschaffene Staatsbürger wird durch die Zwänge überschießender Maßnahmen im Bereich der Reisefreiheit, des Datenschutzes, seiner Privatsphäre und anderswo unter Generalverdacht gestellt, seiner bürgerlichen Freiheit beraubt, weil der Staat und dessen Regierung selbst Menschen gewalttätiger Absicht, also Unintegrierbare, integrieren will und damit gleichzeitig nicht mehr für die Sicherheit garantieren kann. Je höher der Grad der Zuwanderung, umso höher das Bedürfnis nach mehr Sicherheit und umso weniger Freiheit. „Sicherheit vor Freiheit", so lautete die Devise des politischen Handlungsnotstandes, notwendig geworden aufgrund eines schweren Erbes, einer mit Blindheit geschlagenen politischen Elite, die – gewollt oder passiert – „einfach laufen ließ". Eine neue Anlassgesetzgebung formiert sich je nach medial breitenwirksam diskutiertem Fall, zugunsten des neuen Bedarfs nach mehr Sicherheit verwässern wir Stück für Stück den liberalen, offenen, freiheitlichen Rechtsstaat. Wenn die Übergriffe auf Frauen in unseren Breiten durch Mitglieder frauenfeindlicher Kulturen und Religionen überhandnehmen, fordern die Vertreter des Rechtsstaates im Beißreflex schärfere Gesetze zum Schutz der Frauen, anstatt die dieser Delikte hauptsächlich verdächtigen Minderheiten außer Landes zu bringen. Wenn die Überfälle durch in der Messer- und Machetenkunst besonders versierte Mitglieder einzelner Gruppen auf rechtschaffene Bürger überhandnehmen, fordern besonders begabte Politiker folgerichtig das Trageverbot von Messern in der Öffentlichkeit für die Allgemeinheit, anstatt die üblich verdächtigen messerfertigen Aggressoren aus unserer Gesellschaft zu entfernen, noch besser, sie gar nicht erst zu nur schwer er- und vertragenden Gästen werden zu lassen. Diesem vorherrschenden und praktizierten Geist folgend müssten wir in Zukunft auch Lkw verbieten, denn es besteht ja die reale und latente Gefahr, dass ein religiös beseelter Anhänger der Paradiesjungfrauen in Nizza oder Berlin damit ein Blutbad anrichtet. Ja, das soll es bekanntlich bereits gegeben haben, wie auch die von breitenwirksamen Medien geschickt verschwiegene Meldung, wonach „jeder fünfte islamistische Terrorist innerhalb der EU ein Asylwerber" war. Das ist keine „islamophobe" These, wiewohl allein dieses Schlagwort jegliche Kritik am Islam verbieten soll.

Recht früh bin ich den aggressiven Segnungen dieser Auslegung des Islam begegnet. Ich erinnere mich an die bedrückende Stille, als ich mit meinem damaligen Chef, dem österreichischen Vizekanzler und Sozialminister Herbert Haupt, den nur aus einem Grund bereitgestellten zweiten Teil des Friedhofes von Beslan in Nordossetien besuchte. Dieser Gottesacker musste binnen weniger Wochen neu errichtet werden, weil islamistische Selbstmordattentäter 331 Schüler und Lehrer in die Luft gesprengt hatten. Hunderte behelfsmäßig aufgestellte Holzkreuze und Grabsteine, auf den Gräbern Teddybären und Spielzeug. Drei Monate nach diesem Anschlag im Jahr 2004 besuchten wir die betroffene Schule, um die überlebenden, schwer traumatisierten Kinder zur Erholung nach Österreich einzuladen. In den verwüsteten Klassenzimmern der Mittelschule Nr. 1 verteilten sich die Hinterlassenschaften der getöteten Opfer am Boden, ihre Schuhe, ihre Taschen, ihre Kleidung, die letzten Habseligkeiten unschuldiger junger Menschen. Die Wände schwarz von den Detonationen der Sprengstoffgürtel. Mein erster Gedanke: Hier hat sich die Hölle offenbart, der Teufel sich gezeigt! Überall klebten menschliche Reste, getrocknetes Blut, Haare. Dieser Ort der Bildung und Freude wurde zu einem Mahnmal, zu einem Grab für die Opfer dieses Terrorismus, der weltweit in den meisten Fällen ein und denselben Ursprung hat. Das war der erste, für mich bis heute prägende Eindruck, der mich dazu veranlasst hat, mit allen Mitteln unsere Sicherheit zu verteidigen und mich gegen alle Versuche zur Wehr zu setzen, diese Gefahren aus politischen, ideologischen oder gar paradox humanistischen Gründen zu verharmlosen. Am Ende geben wir unsere Freiheit auf, um Intolerante zu tolerieren, Unintegrierbare zu integrieren.

Die zweite Begegnung mit der fürchterlichen Fratze dieser klar zu benennenden Religion hatte ich in New York. Acht Monate nach 9/11 blickte ich durch die eilig herbeigeschafften Bauzäune, die den Alltag des „Big Apple“ vom Ort des Grauens trennten, in die Grube, an deren Stelle einst die Türme des World Trade Center gestanden hatten und wo tausende Menschen ihre Leben hatten lassen müssen. Berge von Schutt und Asche, die mit den Leibern der Opfer eins geworden waren, offenbarten sich uns. Und auch hier war es unmöglich, die Fassung zu bewahren. Zwei Orte in zwei so gegensätzlichen Ländern, entstellt durch die Grausamkeit einer Ideologie, die unter dem Deckmantel der Religion Gewalt sät, Menschenleben vernichtet und durch die Duldsamkeit unserer politischen Eliten die Freiheit zugunsten einer scheinbar notwendig gewordenen Sicherheit einschränkt.

Der Gipfel der Perfidie zeigt sich uns zweifellos in Deutschland. Einem Land, dessen Führung geschehen lässt und dessen Volk mit den Folgen zu leben hat. Kein Tag vergeht, an dem dieses Land nicht infolge der Fahrlässigkeit seiner politischen Führung durch den – mittlerweile traurige Bekanntheit erlangt habenden – „Einzelfall“ erschüttert wird. Und es sind nicht nur die Schicksale der Opfer, die berühren, es ist die Wut ob einer darauffolgenden Diskussion, die darauf abzielt, unseren Alltag zu reglementieren, um Terror und Gewalt zu verhindern. Folglich müssen wir irgendwann auch Züge verbieten, denn ein aufgrund unserer für ihn unerträglichen Gesellschaft psychisch labil gewordener Täter könnte ja ein Kleinkind vom

Bahnsteig aus vor den Zug werfen. Wir sind mittlerweile genötigt, je nach Anlassfall eine Reihe neuer Deliktgruppen in unsere Strafgesetze einzuschließen, von deren Existenz eine Mehrheit der Bevölkerung bis vor wenigen Jahren keinerlei Ahnung hatte. Der Fantasie sind bezüglich neuer Arten von Verbrechen keine Grenzen gesetzt. Andererseits sind wir gezwungen, das Strafmaß für manche Deliktgruppen herabzusetzen, weil der Rechtsstaat nicht mehr in der Lage ist, diese Formen der Kriminalität in den Griff zu bekommen. Der Drogenmissbrauch, also die Verabreichung des Giftes für unsere kommenden Generationen, ist de facto pardoniert, weil sich Exekutive und Justiz außerstande sehen, das Recht unserer Jugend auf Freiheit und Sicherheit zu verteidigen. Nicht zuletzt auch durch den Umstand, dass die Haftanstalten prall gefüllt sind.

Wir sind dazu genötigt, die bürgerlichen Freiheiten Stück für Stück aufzugeben, damit wir uns gegenüber einer intoleranten, unintegrierbaren Importware schützen können. Mir wäre nicht bekannt, dass wir vor 30 Jahren über ein Verbot der Frauenbeschneidung oder über ein Kopftuchverbot hätten diskutieren müssen, um die Unterdrückung jener Frauen zu unterbinden, in deren Namen Politikerinnen linker Prägung in den 1960er- und 1970er-Jahren noch ihren feministischen Kampf fochten. Übrigens ausgerechnet Anhängerinnen jener Couleur, die die Errungenschaften des zivilisierten Zusammenlebens und damit auch ihre eigenen feministischen Meilensteine nun um den Preis verkaufen, ihre Ideologie des grenzenlosen Multikulturalismus durchzusetzen. Eine Vertreterin dieser neuen multikulturellen Ideologie ist die Deutsche Carola Rackete, die geltende italienische Gesetze brach, sich also in einem Anflug von moralisch bewegter Eitelkeit über die Rechtsstaatlichkeit erhob und mit ihrem Flüchtlingstourismus am Mittelmeer nicht nur dem Menschenhandel Vorschub leistete, sondern auch den Begriff der Seenotrettung ad absurdum führte. Statt die aus dem Meer gefischten Opfer der Schlepper in den nächsten Hafen an der nordafrikanischen Küste zu bringen, schipperte die Gute einen unzählige Meilen entfernten Mitgliedstaat der EU an, um gegen alle internationalen Richtlinien ihre eigene Form der Flüchtlingspolitik durchzusetzen. Dass diese Boote selbstverständlich auch Individuen an Land bringen, die mit einer emanzipierten Kapitänin wie Frau Rackete so gar nichts anzufangen wissen, unter für sie besseren Umständen ihr als Frau sogar den Handschlag verweigern würden, scheint sie nicht zu tangieren.

Sprich: Für ein kleines Binnen-I und das sanfte Ruhekissen, etwas Großes, moralisch Selbstüberhöhtes und Gutes getan zu haben, kann man eine anschließende Serie von Vergewaltigungen durch die Glückskinder Merkels schon als Kollateralschaden in Kauf nehmen. Die Freiheit verkommt zu einem verhandelbaren Wert, die Gesellschaft zu einem Versuchslabor politischer Strömungen, die in die Unfreiheit des Einzelnen münden. Zahlen lügen nicht, und ein Blick in die Kriminalstatistiken beweist: Mehr als die Hälfte der rechtskräftig verurteilten und inhaftierten Straftäter sind nicht heimischer Herkunft. Und damit fällt unser Freiheitsrecht auf Eigentum, auf persönliche Unversehrtheit, ja es fällt das Recht auf Freiheit in Sicherheit. Um keine Missverständnisse aufkommen zu lassen: Es ist unsere rechtliche und moralische Verpflichtung, auch jenen Menschen Sicherheit zu gewähren, die in ihren Ursprungsländern Gefahr laufen, ihrer Freiheit, ihrer Sicherheit und ihrer physischen wie psychischen Unversehrtheit beraubt zu werden. Wir sind zwar nicht der Weltenretter, aber jede Nation muss doch ihren angemessenen Beitrag dazu leisten, Menschenleben in größter Not zu schützen. Das kann aber nur dann von Erfolg gekrönt sein, wenn die wahren Schutzsuchenden ihrerseits auch dazu bereit sind, unsere Freiheit zu respektieren. Und es ist notwendig, dass wir über all die Beruhigungspillen der Politik hinweg mutig den Respekt vor unserer Freiheit und damit vor unserer Kultur, unseren Traditionen, unseren Werten einfordern.

Um die Sicherheit zu erhalten, ist es eben notwendig, die Freiheit zu verteidigen. Und zwar gegen alle Feinde, die unseren Liberalismus ausnutzen, um ihn letztgültig zu zerstören. Wenn wir gegenüber den Intoleranten Toleranz zeigen, geben wir die Freiheit auf. Wenn wir Unintegrierbare integrieren wollen, geben wir die Freiheit auf. Und wenn wir die Freiheit aufgeben, verschenken wir unsere Sicherheit.

Das Recht auf soziale Freiheit

Oftmals liest man, wir müssten Sozialgesetze verschärfen, weil der organisierte Sozialmissbrauch überhandnehme. Weil sich neu angekommene Proponenten samt der von ihnen vertretenen Methode in unsere Gesellschaft eingeschlichen haben, wonach nicht jene die Leistungen unserer Solidargesellschaft bekommen, die sie brauchen, sondern vor allem jene, die sie nur wollen. Überhaupt ist das Recht auf Freiheit in sozialer Sicherheit wie alle anderen wesentlichen Grundfreiheiten ebenso in Gefahr, zu wanken. Denn schon allein die gezielte ideologische Förderung des demografischen Umbruches macht die soziale Sicherheit, wie wir sie kennen, dauerhaft unfinanzierbar. Das wissen wir seit Jahren. Niemand erhebt Einspruch. Im Ergebnis würde der Einwand bedeuten, den Mut zu haben, als Staatsziel endlich festzulegen: Wir sind kein Einwanderungsstaat. Und das hat nichts mit Rassismus oder Fremdenfeindlichkeit zu tun, sondern schlicht mit logischem Hausverstand.

Der Sozialstaat ist nur dann dauerhaft finanzierbar und sicher, bietet größtmögliche Freiheit, wenn ihm mathematisch eine Vollbeschäftigung und die daraus resultierenden moderaten Steuer- und Abgabenleistungen gegenüberstehen. Stattdessen bietet die Politik keinerlei Rahmenbedingungen für eine Vollbeschäftigung, sondern importiert die Arbeitslosigkeit und die soziale Ungerechtigkeit mitten hinein in das fragile System. Die Arbeitslosigkeit und damit die Inanspruchnahme des Sozialsystems ist eben bei Zuwanderern am größten. Zahlen lügen nicht!

Die Finanzkrise von 2008 erschütterte erstmals den Sozialstaat, das Corona-Debakel und die damit einhergehende Wirtschaftskrise samt einer Arbeitslosigkeit und darauf einsetzender Inflation ungeahnten Ausmaßes lassen das System endgültig kippen. Betriebspleiten vermindern die Abgabenleistung in das System, eine höhere Arbeitslosigkeit vergrößert die Sozialausgaben, verstärkt die Armut, und diese wiederum belastet das Sozialhilfesystem. Nicht zu vergessen ist die „Generation Corona“, also jene Jugendlichen, denen seitens der Regierungen mit der als „alternativlos“ dargestellten Lockdown-Politik mindestens ein Jahr der Schulbildung geraubt wurde, die damit ein Jahr später in den Arbeitsprozess einsteigen, den Sozialstaat mit ihren Steuer- und Abgabenleistungen erst ein Jahr später erhalten und finanzieren können.

Zudem hat sich der von mir in seinen Grundzügen nie infrage gestellte Sozialstaat mit Hunderten auf allen Ebenen etablierten Leistungen, Zulagen, Beihilfen, Fonds und dergleichen zu einem Betreuungsstaat entwickelt, in dessen undurchschaubarem Dickicht der Missbrauch aufblüht, der vielmehr noch zu Missbrauch einlädt und im Übrigen das Hauptargument für den jede Dimension sprengenden Zuzug darstellt.

Es ist zweifelsohne der Sozialdemokratie längst vergangener Zeiten zu verdanken, dass Arbeiterinnen und Arbeiter aus der Knechtschaft der Industrialisierung befreit wurden, dass sich über das letzte Jahrhundert hinweg in vielen Staaten tragfähige Sozialsysteme – gespeist durch die Wirtschafts-, Abgaben- und Steuerleistung der leistungsbereiten Allgemeinheit – gebildet haben, um jene zu schützen, die temporär oder dauerhaft die Unterstützung der Solidargemeinschaft brauchen. Das Ziel eines funktionierenden Sozialstaates ist es, auch jenen Menschen ihren Anteil an der Freiheit zu ermöglichen, die aus eigener Konstitution heraus dazu nicht imstande wären. Es ist ein Irrtum, dass Sozialleistungen Almosen wären. Es handelt sich bei ihnen um einen rechtlich jeweilig verbrieften Anspruch, um eben Menschen in ihrem von Natur aus gegebenen Drang nach Freiheit und Unabhängigkeit – selbst in schwierigen Situationen – zu helfen.

Wo wären Deutschland oder Österreich heute ohne das Gesundheitssystem, das eng gesponnene Sozialsystem, die Behindertenhilfe, die Familienbeihilfe? Wo wären Deutschland oder Österreich ohne die sozialen Errungenschaften der Politik eines Willy Brandt oder eines Bruno Kreisky? Nicht zu vergessen ist beispielsweise das sogenannte Kindergeld als letzter sozialer Meilenstein der jüngeren Geschichte Österreichs, erzwungen vom damaligen Sozialminister Herbert Haupt. Das Kinderbetreuungsgeld diente seinem Wesen nach dazu, die Leistbarkeit von Kindern und die Kosten ihrer Erziehung mit den individuellen Wünschen junger Familien in Einklang zu bringen. Das

Kindergeld sollte es jungen Männern und Frauen ermöglichen, ihren Kinderwunsch ohne finanzielle Einbußen zu erfüllen, sollte aber nicht dazu dienen, dass manche aus dem Empfang dieser Sozialleistung eine Art von organisiertem Gewerbe machen. Mit der Methode „Wir bekommen zehn Kinder und finanzieren unser gesamtes Leben ausschließlich durch die Sozialleistung" pervertiert man diese Systeme, stellt sie gleichzeitig zum Nachteil jener, die sie wie einen Bissen Brot brauchen, infrage. Daraus entsteht ebenjener Missbrauch, der systematisierte Sozialbetrug, der sich gegen die Basis unserer sozialen Freiheit stellt. Und wegen einiger weniger, aber gleichzeitig immer zahlreicher werdender sogenannter schwarzer Schafe wird die Leistung für viele eingeschränkt. Wegen wenigen, die die durch den Sozialstaat ermöglichte Freiheit und Unabhängigkeit ausnutzen, vermindert sich folgerichtig zur Hintanhaltung des Missbrauches die Freiheit für alle. Um aufgedeckten Missbrauch zu verhindern, führte beispielsweise Deutschland im Jahr 2003 mit dem Gesundheitsmodernisierungsgesetz die Lichtbildpflicht auf der Gesundheitskarte ein, in Österreich ziert das Bild des Versicherten die e-card, die aber nur in Verbindung mit einem Ausweis gültig ist. Weit haben wir es gebracht! In den 1990er-Jahren war es zumindest noch nicht notwendig, den Krankenschein so aufwendig und mit einem andauernden datenschutzrechtlichen Risiko abzusichern.

Unser Sozialstaat, der Freiheit und Unabhängigkeit garantieren soll, präsentiert sich am Silbertablett, wird sogar in entsprechenden Foren von Schleppern in den entlegensten Winkeln des Globus regelrecht beworben. Dafür fehlen uns andererseits die finanziellen Mittel, das Gesundheitssystem auszubauen. Jahrelang wurde aus Gründen der Sparsamkeit und Effizienz – jene Schlagwörter, die für einen Abbau des Gesundheitsnetzes und der Spitalslandschaft stehen – die gesundheitliche Versorgung der Bevölkerung zurückgefahren. In einem Satz zusammengefasst: Jedes Dorf hat zwar Kreisverkehre bekommen, dafür haben wir in den Städten die Krankenhäuser geschlossen. Weil deren Erhaltung ineffizient sei, weil sich deren Erhaltung nicht rentiere. Mit der gleichen fahrlässigen Argumentation könnten wir auch die Versicherungspflicht kippen oder die Feuerlöscher in Gebäuden versilbern. Die Corona-Krise hat uns gezeigt, dass unser Gesundheitssystem stückweise endoptimiert wurde, für Eventualitäten nicht mehr vorbereitet ist, immer am Anschlag fährt. Daraus ergibt sich eben, dass wir längst eine Zweiklassenmedizin haben, unterteilt in jene Bürger, die sich durch ihre ökonomischen Möglichkeiten eine Zusatzversicherung und damit die Versorgung im privaten Spitalsbereich leisten können, und jene Bürger, denen man die Gesundheitsversorgung aus Sparsamkeitsgründen, sprich Betten- und Ärztemangel, verwehrt. „Freiheit in sozialer Sicherheit" verkommt so zu einer leeren Plattitüde, mit der sich Sozialpolitiker aller Farben schmücken, die aber mit unserer Realität sehr wenig zu tun hat.

Anders ergeht es dem Verwaltungsbereich des Gesundheitssystems, den Sozialversicherungsträgern, die nach wie vor aus dem Vollen schöpfen. Proporzmäßig zwischen den Parteien aufgeteilt, wird hier ein krankes, nicht mehr zeitgemäßes, aufgeblähtes Funktionärssystem verwaltet, während andererseits die Gelder für zusätzliche Gesundheitsleistungen oder die Finanzierung der Spitäler fehlen. In Österreich wurden zwar in den letzten Jahren die einzelnen Sozialversicherungsträger großzügig zusammengelegt, übrigens eine der vielen aufsehenerregenden Forderungen von Jörg Haider aus den 1990er-Jahren. Der Pferdefuß ist nur, dass man aus ehemals 21 Organisationsmolochen nun fünf Monster geschaffen hat. Der Personal- und Verwaltungsrucksack blieb gleich. Und die demografische Entwicklung macht es nicht besser, sondern zunehmend schlechter.

Immer mehr Menschen bekommen zwar Leistungen aus dem Sozialsystem, zahlen aber nicht ein. Und übrigens werden auch immer mehr Menschen immer älter, eine Tatsache, die uns alle mit Freude erfüllt, aber das Solidarsystem an seine Grenzen bringt. Und die Reaktion der Politik auf die Aushöhlung des Gesundheitswesens, den Sozialmissbrauch und die drohende Unfinanzierbarkeit des Sozial- und Pensionssystems? Keine! Alle Maßnahmen sind Stückwerk, man verharrt in den ausgetretenen Pfaden, traut sich nicht zu reformieren. Freiheit in sozialer Sicherheit bedeutet eben, dass sich für all jene, die aufgrund ihrer eigenen Leistung in das Versicherungssystem einzahlen, auch ein garantierter Leistungsanspruch ergibt, der sowohl im Erkrankungsfall als auch nach dem Erwerbsleben größtmöglichen Wohlstand und damit finanzielle Freiheit garantiert. Mindestpensionen für Frauen, die zeitlebens hart gearbeitet haben, aber am Ende ihres aktiven Erwerbslebens gerade einmal „überleben" können – derart zu Bittstellern degradiert zu werden, entspricht dem genauen Gegenteil dessen, was sich Menschen von diesem Sozialsystem erwarten. Auf der anderen Seite muss man dann regelmäßig in Zeitungen lesen, dass sich mittlerweile eine ganze Industrie entwickelt hat, die durch ihre kulturell bedingt lendenstarke Familiengestaltung darauf abzielt, sich zeitlebens nur im Wege der Sozialmittel zu versorgen. Freiheit bedeutet nicht Egoismus und schon gar nicht die Ausnützung eines Systems, das leistungsbereite Menschen durch ihre Arbeit bzw. durch deren Abgaben täglich finanzieren. Übrigens müßig zu erwähnen, dass dieser Missbrauch hauptsächlich im migrantischen Milieu stattfindet. Auch eine der vielen Tatsachen, bei deren Benennung man umgehend in seiner Meinung neutralisiert, als Rassist schubladisiert wird. Aber Zahlen lügen nicht, und das Gesundheits-, Pensions- und Versicherungssystem ist pure Mathematik.

Die Freiheit der eigenen Identität

Wir leben in Europa, einem gewachsenen, von Kriegen entstellten und aus diesen auch friedlich zusammengekommenen Kontinent. Die wechselhafte Geschichte der Länder Europas machte uns zu einer Schicksalsgemeinschaft, aber doch nicht zu einer neuen Nation, zu einem Superstaat einheitlicher Sprachen, Kulturen oder Ethnien, oder, wie manche politische Gruppierungen sogar fordern, zu den Vereinigten Staaten von Europa. Wir sind und bleiben in erster Linie Österreicher, Deutsche, Italiener, Franzosen, Slowenen, Kroaten, Briten oder Spanier, die sich aus der dramatischen Erkenntnis zweier Vernichtungskriege in einer friedlichen Einheit voller Freiheit gefunden haben, mit dem stolzen Erbe ihrer Kulturen und ihrer Geschichte, friedlich nebeneinander, um im Miteinander zu leben. Und wir können trotz der dunklen Stunden und auch wegen der Überwindung selbiger stolz sein auf die vielfältige Geschichte, auf die herausragende Kultur, die wirtschaftliche und soziale Schaffenskraft der einzelnen Nationen auf diesem Kontinent. Denn nicht weniger als der historisch einzigartige Geist der Aufklärung gab den Bewohnern der einzelnen Staaten ihre Freiheit.

Diese Freiheit war für einige Länder dieses Europa noch mehr oder minder gegenwärtig nicht immer selbstverständlich. Erst 1989 wurden die ehemaligen Staaten des Ostblockes von der mörderischen Diktatur des Kommunismus befreit. Michael Gorbatschow, das letzte Oberhaupt der Sowjetunion, der als Sowjet-Führer scheiterte und aus diesem Führungsdebakel heraus für Freiheit sorgte, erkannte nach eigenen Angaben: „Die Menschen brauchen Freiheit. Ohne sie kann sich eine Person nicht entfalten." Tragisch, dass ausgerechnet seine Heimat Russland, wie ein Großteil der Nachfolgestaaten des Sowjet-Regimes, die Fesseln der kommunistischen Diktatur abgestreift hat, um sich anschließend unter eine Diktatur der Korruption zu begeben. Am Beginn der 1990er-Jahre zerbrach der kommunistische Zwangsvielvölkerstaat Jugoslawien in seine Einzelteile. Die Kräfte der nationalen Selbstbestimmung, der Drang nach Souveränität und damit nach Freiheit setzten sich, wenngleich wiederum um einen hohen Blutzoll, ein weiteres Mal durch. Man hätte es wissen müssen, denn bereits der Zerfall der Donaumonarchie manifestierte den nach wie vor geltenden Lehrsatz, dass die Zentrifugalkräfte der Eigenständigkeit eben stärker sind als ein von oben herab verordneter Zwang.

Trotz dieser Erfahrung sehen wir uns heute wieder damit konfrontiert, dass sich politische Kräfte im Wege einer künstlich als eine Art von eigener Nation kreierten Europäischen Union samt Hymne, Regierung, Parlament und Währung über den einzelnen Bürger erheben, die Identität der Bürger als Angehörige einzelner Nationalstaaten tilgen und durch die neue Herkunftsbezeichnung „Europäer" ersetzen wollen. Wider besseres Wissen und trotz der Tatsache, dass derartige Entwicklungen in den letzten Jahrhunderten immer in einer

Katastrophe mündeten, wird beharrlich am Projekt des neuen „Vielvölkerstaates Europa" weitergearbeitet, zulasten der Souveränität der einzelnen Länder und gegen das Selbstverständnis der Bürger einzelner Staaten. Entgegen dem Grundsatz, dass nur die Anbindung an die historischen und kulturellen Lebensfäden eines Landes den Menschen ihre Identität und somit ihre Freiheit gibt. Dieselben, die beispielsweise den Kroaten oder Slowenen die Freiheit und Eigenständigkeit weit weg von Titos Belgrad zugestanden, unterjochen uns nun unter der Autokratie eines belgischen Städtchens namens Brüssel. Ein Treppenwitz der Geschichte und der Beweis, dass man aus dieser lernen kann, aber nicht unbedingt muss. Kritiker dieser Entwicklung werden als „üble Nationalisten" diffamiert, der Wert des Patriotismus, die Liebe zum eigenen Land bei gleichzeitigem Respekt der anderen Nationen, als etwas Verbrecherisches, als etwas Böses verkauft. Der Nationalismus sei das Verbrechen des 20. Jahrhunderts, wird getönt, dabei waren es doch expansive Diktaturen, die die Eigenständigkeit von Nationen zerstörten – welche sich ja aus der Notwendigkeit des Zerfalles der europäischen Monarchien entwickeln mussten – und die Herkunft im Rassenwahn tilgten, die für die größten menschlichen Katastrophen sorgten. Dennoch wird die Legende vom bösen Nationalstaat schon mit der Milchflasche in der Volksschule verabreicht.

Auch eine Form der Umerziehung, die langsam ihre Früchte trägt. Jüngstes Beispiel ist Großbritannien mit seinem „Brexit". Der freie Volksentscheid der Briten als beeindruckender Beweis für die Demokratiefähigkeit des Vereinigten Königreiches, sich wegen chronischer Erfolglosigkeit Brüssels von der Europäischen Union zu entfernen, wurde von Politikern wie Medien als rückwärtsgewandt und furchtbar nationalistisch verteufelt. Also die Selbstbestimmung, die Souveränität, die Freiheit, die Unabhängigkeit eines friedlichen Volkes öffentlich als Ausbund des Bösen dargestellt. Wir erleben die verordnete Umkehr unserer Werte: Freiheit ist schlecht, Unabhängigkeit ist böse, Souveränität ist hässlich. Autokratie, wenngleich sie auch ständig scheitert, ist gut, zusammengepresste Vielvölker sind gut. Das Ziel der Umerziehung ist klar: Man muss sich gegenseitig unter Weglassung seiner Identität, seiner Kultur, seiner Sprache inhalieren, um ein guter Europäer zu sein. Man muss sich der Gleichmacherei unterwerfen, um ein moderner, progressiver Bürger zu sein. Geflissentlich wird heute verschwiegen, dass der Grund für den Ersten Weltkrieg nicht ein überbordender Nationalismus war, sondern sich diese menschliche Tragödie aus dem Drang zur Freiheit eingepferchter und unterdrückter Völker ergab. Und ebenso wird verschwiegen, dass der Zweite Weltkrieg einzig aus jenem Grund seine bekannte Entwicklung nahm, weil rechtschaffene Menschen der Diktatur, der Besetzung und Zerstörung die Freiheit entgegensetzen wollten. Die Franzosen oder die Briten oder alle anderen Länder, die in den Zweiten Weltkrieg involviert waren, wollten sich eben von der Diktatur eines sich nach Westen und Osten kriegerisch ausbreitenden nationalsozialistischen Superstaates befreien, sie verteidigten ihre Souveränität, ihre Unabhängigkeit, ja sie wollten ihren Frieden. Und für diesen Triumph der Freiheit werden sie bis heute als Helden verehrt.

Das Rezept ist eben nicht die Hegemonie, wie sie heute die EU verfolgt, sondern die Vielfalt und Selbstbestimmung von Nationen und Regionen in gemeinsamer friedlicher Zusammenarbeit. Europa war und ist keine absolute Vereinigung, sondern das Dach einer freiwilligen Zusammenarbeit. Zumindest entsprach dies der Gründungsidee. De Gaulle, Churchill, Schuman, Adenauer – vier Vertreter einer geschundenen Kriegsgeneration, Gründerväter des europäischen Gedankens, sahen den einzigen Ausweg aus den Wirren der Vernichtung in der Zusammenarbeit auf rein wirtschaftlicher Basis, nicht in der zwangsweisen Vereinigung zu einer neuen, gewaltigen Supernation. Niemals wäre Churchill selbst nach den ihm zugeschriebenen drei täglichen Flaschen Champagner auf die wahnwitzige Idee gekommen, einen Briten zu einem Deutschen mutieren zu lassen, der sich dann Europäer nennt und von Frau Von der Leyen geführt wird. Das Gleiche gilt im Übrigen auch für Konrad Adenauer, der mit Merkel und der EU-Kommissionspräsidentin zwar post mortem die Parteizugehörigkeit teilen muss, aber dessen Agenda als erster deutscher Kanzler demokratischer Herkunft nach dem Zweiten Weltkrieg jener der beiden Damen doch konträr gegenübersteht. Das mag vielleicht auch daran liegen, dass Merkels erste Schritte unter dem Eindruck ihrer DDR-Erziehung erfolgten und man halt nur schwerlich die Prägungen der Jugend abstreift. Anders ausgedrückt: Aus einem willfährigen Tanzbären wird auch dann kein freiheitsliebendes Pferd, wenn er in einem Pferdestall steht. In Wahrheit sind heute die als üble, rückwärtsgewandte Nationalisten verfemten Gruppierungen dem Gründungsgedanken Europas näher als jene Parteien, die die Europäische Union wie eine heilige Monstranz vor sich hertragen.

Und wie zum Beweis scheitert auch dieses Konstrukt regelmäßig. Die Finanzkrise von 2008 hat gezeigt, dass diese EU zwar Banken retten kann, aber nicht den Wohlstand der Bürger. Das Jahr 2015 wirkt durch die Fehlentscheidung der sich zu einer geheimen Führerin der EU aufschwingenden Angela Merkel bis heute nach. Der selbst ernannte Superstaat, der mutig und entschlossen nach innen wirkt, kann seine Außengrenzen nicht einmal im Ansatz schützen. Selbst in der Außenpolitik, eigentlich ein politisches Terrain, das kaum zu Verwerfungen zwischen ähnlich gesinnten Staaten führen sollte, scheitert diese EU bzw. stellt sich zielsicher immer auf die falsche Seite, zum wirtschaftlichen und sicherheitspolitischen Nachteil des Kontinentes.

Die Europäer sind von einem höheren und NATO-hörigen Brüsseler Wesen offenbar dazu verdammt worden, eine amerikanische Missionierungspolitik Seite an Seite mit den USA über den gesamten Globus hinweg zu exekutieren. Der Arabische Frühling und der von der EU für all ihre Mitgliedstaaten vorgegebene Umgang damit war ein gutes Beispiel hierfür. Auf Befehl der USA, um in erster Linie deren und nicht unseren politischen wie wirtschaftlichen Einfluss im Nahen Osten und damit den Zugriff auf die Ölreserven zu stärken, mussten wir im Chor der Falken mitheulen. „Gaddafi muss weg, Mubarak muss weg, Assad muss weg“, waren die unverhohlenen Direktiven aus Washington. Dass zumindest in Syrien ein Klima der Freiheit aller Religionen herrschte, natürlich unter dem autokratischen Dach der übermächtigen Familie Assad, wurde verschwiegen. Assad, der blutige Diktator, Syrien, der terroristische Schurkenstaat, lautete das Urteil des Westens, um seine Intervention zu rechtfertigen. Im Jahr 2004 besuchte ich mit Kärntens Landeshauptmann Jörg Haider, Sozialminister Haupt und einer großen Wirtschaftsdelegation Damaskus. Es zeigte sich ein aufstrebender, weltoffener, ja fast säkularer Staat, in dem Muslime, Juden und Christen friedlich nebeneinander lebten. Ich erinnere mich heute nur allzu gut an eine Debatte im österreichischen Nationalrat: Meine in einer Rede zum Ausdruck gebrachte Warnung, dass eine Unterstützung der Destabilisierung des Nahen Ostens gerade uns in Europa auf den Kopf fallen werde, dass wir mit unseren Entwicklungshilfegeldern in der Endkonsequenz islamistische Terroristen unterstützten, wurde seitens der Regierungsabgeordneten mit dummem Gelächter quittiert. Ich wolle nur das Öl von Gaddafi, lautete der Zwischenruf eines besonders kurzsichtigen Abgeordnetenkollegen, der die globale Dramatik der damals am Beginn stehenden Aufstände nicht verstand. Wie auch, wenn man sich den alten Spruch vergegenwärtigt, dass ein Großteil der Parlamentarier ihr Hirn beim Portier des Parlamentes abgibt und nur dazu dient, als Abstimmungsvieh die Parlamentsmehrheit zu sichern?

Heute, 17 Jahre später, hat sich dank unserer Außenpolitik das Bild des Nahen Ostens dramatisch verändert. Und was hat die EU getan? Im Wissen darum, dass eine Destabilisierung dieser geopolitisch wichtigen Region im Vorhof Europas massive Nachteile auch für uns bedeutet, applaudierte sie dem Vorgehen der USA. Also wurde der sogenannte Arabische Frühling unterstützt, in Wahrheit durch die USA initiiert und durch Steuermittel der Europäischen Union mitfinanziert. Das Ergebnis war trotz der gigantischen Medienunterstützung, die jede Kritik an diesen „Freiheitsbewegungen" negierte, verheerend. Berechenbare Diktatoren wurden gestürzt, unberechenbare, aber dafür korrumpierbare Terroristen eingesetzt. Man hat, volkstümlich gesagt, mit dem Bettler Stecken getauscht. Die Folge dieser europäischen Außenpolitik für Europas Staaten war, dass zum Beispiel Österreich seinen seit Bruno Kreisky, Jörg Haider und UN-Generalsekretär a. D. Kurt Waldheim aufgebauten diplomatischen Respekt in dieser wichtigen Region restlos verloren hat. Der zweite Effekt ist, dass wir seit 2015 mit den Auswirkungen der „friedlichen Intervention" der USA zu kämpfen haben. Die nennen sich „Flüchtlingskrise". Und der dritte Effekt ist, dass wir Despoten wie Erdoğan mit Millionen von Flüchtlingen ein Faustpfand in die Hände gaben, um Europa und damit alle in diesem Boot des Unterganges sitzenden Mitgliedstaaten nach Lust und Laune zu erpressen.

Das Gleiche spielt sich auch im Umgang der EU mit Russland ab. Natürlich entspricht es unserem Naturell, Freiheit und Demokratie überall dort, wo es möglich ist, durchzusetzen – auch mit allen Mitteln. Freiheit, auch wenn sie teils nur vorgeblich ist, soll kein Privileg des Westens sein. Faktum ist aber auch, dass gerade Russland – auch wenn die dort ersehnte Freiheit nach der Finsternis des Kommunismus ein Höchstmaß an Korruption brachte – zumindest auf einem besseren Weg als in den letzten Jahrzehnten der erloschenen Sowjetunion ist. Aus wirtschaftlichen Gründen und nicht auf Basis eines moralisch hehren Ansatzes verfügten die USA Sanktionen gegen Russland. Sinnigerweise, weil sich Russland eben gegen die Ausdehnung der amerikanischen Militärhemisphäre auf die Ukraine wehrte. Und Europa? Statt eine eigenständige Außenpolitik einzunehmen, sich endlich selbst auf dem diplomatischen Parkett als selbstbewusster Kontinent zu beweisen, vollzog man getreu der Weisung der USA die Sanktionspolitik. Die übrigens wiederum unsere eigene Wirtschaft schädigt, unseren Wohlstand einschränkt, unsere Arbeitsplätze vernichtet und uns somit ein weiteres Stück Freiheit und Eigenständigkeit kostet. Gerade dieses Konglomerat scheitert selbst in wirtschaftlichen Fragen, opfert seine Eigenständigkeit, um ja nicht vom großen Bruder jenseits des Großen Teiches abgestraft zu werden. Von den Tageslaunen eines Herrn Obama, eines Herrn Trump und nun eines senilen Herrn Biden machen wir uns abhängig. Wie einst schon in den 1970er-Jahren, als auf Befehl der USA in Persien der an sich westlich gesinnte Schah seinen Platz räumen musste, damit man ein Mullah-Regime installieren konnte. Sämtliche Versuche, diesem Iran ein weltoffenes Antlitz zu verpassen, sind gescheitert. Ich erinnere diesbezüglich an den Reformer Chatami, dem ich in Teheran im Zuge eines

Auslandsbesuches von Bundespräsident Thomas Klestil und Sozialminister Herbert Haupt begegnen durfte. Mithilfe der aufgeklärten Studenten wollte er sein Land aus den Untiefen religiöser Verblendung, sprich einer Diktatur der Hardliner, in das 21. Jahrhundert katapultieren. Er stand allein auf weiter Flur, von europäischer oder amerikanischer Hilfe keine Spur. Ich schrieb es bereits: Mit Zielsicherheit stehen wir zum eigenen Nachteil immer auf der falschen Seite, stehen uns selbst im Weg. Statt Freiheit bringen wir Chaos und scheitern regelmäßig an den Folgen der eigenen Politik.

Und 2020 zeigte sich mit der Corona-Krise, dass diese EU nicht einmal in der Lage ist, den freien Waren- und Personenverkehr aufrechtzuerhalten. Dieser Litanei des Scheiterns stehen aber zumindest eine eigene Währung, eine Hymne, ein Parlament, ein Billionenbudget, Tausende Beamte und deren sinnentleerte Verordnungen sowie eine nicht gewählte Regierung gegenüber. Welch eigenartiger Trost. Wahre Freiheit ohne Wenn und Aber kann auf unserem Kontinent nur aus der Bewahrung und Stärkung eigenständiger Verantwortung der Nationalstaaten und ihrer Regionen in friedlicher Koexistenz miteinander stattfinden. Wie oft hören wir doch in den Sonntagsreden der Gemeinden, dass Zentralismus schlecht sei, dass der Bürgermeister vor Ort die Sorgen und Nöte der Menschen schneller löse als eine Zentralregierung in der jeweiligen Bundeshauptstadt. Und jene, die das Lied des bürgerfreundlichen Volksvertreters vor Ort singen, sind auch jene, die das in alle Lebensbelange eingreifende Regime Brüssels verteidigen. Die Euro-Krise zulasten der Bürger und nur zum Lohn der Banker gelöst, die 2015er-Krise ungelöst, der tägliche Einzelfall lässt grüßen, und bei „Corona" überhaupt den Super-GAU hingelegt. Dazwischen Großbritannien verloren, regelmäßig vor Recep Erdoğan und seinen Erpressungsversuchen in die Knie gegangen, aber dennoch ist offensichtlich Kraft genug da, um eine Pommes-Frites-Verordnung auf die Reise zu bringen, das natürliche Wachstum von Gurken mit der Gurkenkrümmungsverordnung zu beeinflussen und – wie als Metapher für die geistige Dunkelheit des EU-Establishments – mit der Glühbirnenverordnung die Lichtquellen jedes Haushaltes zu organisieren. Die Liste dieses Karussells des Wahnsinns, das sich europäische Kommission oder Parlament schimpft, ließe sich beliebig fortsetzen. Es schwingen sich undemokratische Konstrukte auf, Probleme zu lösen, die sie selbst erst geschaffen haben. Ein Unterfangen der pragmatisierten Erfolglosigkeit.

Ein weiterer entscheidender Baumangel dieser Europäischen Union ist die Wertelosigkeit. Sie lesen richtig! Die Nationen dieses alten Kontinentes schöpfen aus einem schier unermesslichen Reservoir an Werten, aufbauend auf unserer Geschichte, unserer Kultur, unseren Traditionen, unseren Sprachen. Italien mit der Geschichte und dem Wissen des alten Roms, Griechenland mit der Philosophie der Antike, Frankreich mit seiner Aufklärung, Österreich mit Sigmund Freud und Mozart, Deutschland mit Friedrich dem Großen, Wagner, Bach oder Händel, Großbritannien mit seinem ersten demokratischen Parlament. Nicht zu vergessen ist der alle Länder durchdringende Glaube des Christentums mit seinen jüdischen Wurzeln. Und was macht das Konstrukt der Europäischen Union? Es ersetzt diese unbezahlbaren Werte, diese Inhalte unseres Daseins durch ein Diktat der substanzlosen Gleichmacherei. Als hätten wir in unseren Ländern keine Basis, als wären wir ohne Grundstein gebaut, importieren wir ausgerechnet mühsam kreierte, neuzeitliche Weltanschauungen, nicht Werte, sondern relativierbare, plumpe Weltanschauungen aus einem Land, das gegen die als Enge empfundene Kultur und Identität europäischer Nationen wie Großbritannien oder Frankreich erfolgreich revoltierte. Wir stehen auf den Säulen einer jahrtausendealten Geschichte, wurden inspiriert durch Griechenland und Rom, haben das Mittelalter durchschritten, sind in der Renaissance zu neuer Blüte gelangt, wurden mit der Aufklärung gereinigt – und kopieren allen Ernstes die USA, die sich gerade einmal 300 Jahre lang auf der Weltkarte befinden, tauschen Platon gegen Mickey Mouse, tauschen das Kolosseum gegen Disneyland und die Kulinarik Italiens oder Frankreichs gegen McDonald's. Hinter diesen bildhaften Vergleichen verbirgt sich die wahre Tragik Europas. Wir, der alte, große Kontinent der gewachsenen Freiheit, begeben uns in eine Scheinwelt, die uns zwar Freiheit vorgaukelt, aber befreiende Identität nimmt. Und dennoch hängen die unseren Kontinent prägenden Eliten dieser Fata Morgana nach, statt vom geistigen Reichtum ihrer Nationen zu profitieren. Aber Nationen sind eben verpönt, nicht en vogue. Diesem Geist entspringt der Gedanke der Vereinigten Staaten von Europa, ein politischer Fetisch, der wiederum in einer Katastrophe und in einem Zeitalter der Unfreiheit münden wird. Fatalistisch? Nein, nur realistisch. Denn nur aus der Geschichte lernt man für die Zukunft.

Dieser ewige Drang danach, alles ebenmäßig und gleich zu machen, jeden Widerspruch niederzuwalzen, setzt sich auch gesellschaftspolitisch durch. Die vielfältigen, ja einzigartigen und befruchtenden Unterschiede zwischen den Menschen sollen getilgt werden. Alle sind wir gleich in der Unfreiheit der Schablone, beraubt unseres unterschiedlichen Denkens, unserer Bildung, unserer Talente, unserer Herkunft, unseres Geistes, unseres Charakters, durch den Genderismus unseres Geschlechtes – und am Ende unserer Zukunft. Gleichheit ist die neue Gerechtigkeit, eine das Individuum kenntlich machende Identität gibt es nicht mehr. Das enthumanisierte *Es* soll die neue Welt darstellen, ist das Material, aus dem die Träume gleichmacherischer Technokraten bestehen. Dieses Modell ist aus der dunklen Geschichte entliehen. Das *Es* gab es schon einmal im Kommunismus, im Nationalsozialismus, in der Unterdrückung, in der Sklaverei. Denn mit dem gleichgeschalteten, nur mehr nummerierten *Es* lässt es sich leichter regieren. In Fortsetzung dieser Strategie setzen auch die Bildungssysteme auf Gleichmacherei. In den meisten Ländern wurden die bildungspolitischen Unterscheidungen, die dazu dienen sollten, um eben jeden Menschen nach seinem eigenen Talent fördern zu können, eingeebnet. Die undifferenzierte Einheitsschule für Einheitsschüler lässt eine auf den jeweiligen Schüler abgestimmte Förderung seiner erkennbaren Talente nicht zu. Die Motivation zur Höchstleistung wird durch ein neues System erstickt, das Genie stirbt aus, der freie Geist wird nicht mehr gefordert, er verkümmert. Dies sind die nach wie vor vorherrschenden Bildungsideologien der '68er. Jener Generation, die vorgeblich die persönliche Freiheit erkämpfte, um sie gegen die

Diktatur des Relativismus einzutauschen. Am Ende bleibt nur mehr das gesichtslose *Es*.

Das *Es* gibt es auch in China, der Nation eines unfreien Volkes, in der das Leben der Menschen nichts gilt, sondern alles dem höchsten Ziel einer nunmehr behübschten, aber dennoch grausamen Ideologie unterworfen ist, dem Hyper-Sozialismus. Nachdem zwei weltwirtschaftliche Verwerfungen 2008 und 2020/21 Unmengen an europäischen Sachwerten, Landbesitz und Know-how ins Reich der Mitte verfrachteten, könnte man humoristisch meinen, dass der Weg in den Sozialismus Pekings nur mehr eine logische Folge der von uns zugelassenen Entwicklung sei. Dort hat man die Religion als „Opium fürs Volk" erfolgreich getilgt, dem Erdboden gleichgemacht. Ist es hier, in Europa, anders? Oder trifft nicht die elende Gleichmacherei auch die Freiheit unseres Glaubens als sinnstiftendes Element für viele Menschen auf unserem Kontinent? Die europäischen Länder sind geprägt durch die Geschichte des zweigliedrigen Glaubens Israels, des alten Judentums und – darauf aufbauend – des heutigen Christentums. Der Glaube, repräsentiert durch die in unseren Breiten hauptsächlich vorherrschenden christlichen Kirchen als letzte Bastionen der Werte, ist andauernden Angriffen des Zeitgeistes, des Relativismus ausgesetzt. Diese Angriffe richten sich gegen die Institution einer durch die Aufklärung geläuterten Kirche, gegen deren Vertreter, richten sich aber in Wahrheit gegen unsere Glaubensfreiheit.

Man schlägt die Priester, reibt sich an Papst und Amtskirche, meint aber in Wahrheit unseren Glauben. Ein Stellvertreterkrieg gegen uns, geschickt über die Bande der sich in ihrer Schwerfälligkeit günstig anbietenden Glaubensinstitutionen gespielt. Mit der schleichenden Tilgung von christlichen Werten auf unserem Kontinent, mit dem Verschwinden ihrer sichtbaren Zeichen, mit der Schaffung eines Glaubensvakuums, mit dem verlockenden Angebot des täuschenden *Ich* als Ersatz für das verbindende *Wir* schaffen wir Platz für einen neuen Glauben. Neben der bereits weitverbreiteten Religion des Materialismus, die uns die Freiheit nimmt, haben wir Platz für den Islam gemacht. Eine Religion, die zweifelsfrei für die Unfreiheit der Menschheit steht. Einen Glauben, der sich nur unter im

Widerspruch zu unseren Menschenrechten stehenden Zwängen verwirklichen lässt. Für den Islam, der frauenfeindlich, homophob, invasiv, aggressiv, unaufgeklärt dem einzelnen Menschen das Recht auf eine gesunde Weiterentwicklung, einen offenen Blick auf die Welt, ja am Ende sogar die Freiheit, an andere Religionen zu glauben, raubt. Einen Glauben, der wie ein Gefängnis bevormundet, reglementiert und sich über die demokratischen Staatsgefüge als Basis unserer Freiheit zu erheben versucht. Diese Religion versucht gar nicht, ihren Zwang zu verstecken, nein, sie stellt die Zwänge offen zur Schau. Mehr als ein Jahrhundert lang, noch vor dem Zeitalter des Feminismus, haben Frauen für Rechte, für Gleichbehandlung gekämpft. Zumindest Jahrzehnte davon haben mutige Frauen an vorderster Front für ihre Geschlechtsgenossinnen die gleiche Freiheit, wie sie die Gesellschaft den Männern zugestand, erstritten. Ausgerechnet dieser Feminismus, wie so viele Qualen unserer Tage 1968 geboren, kämpft mit Vehemenz auch für die äußerliche Befreiung der Frauen. Der Feminismus orientiert sich traditionell links. Dass nun ausgerechnet die Linken der Islamisierung das Wort reden, der Zwangsverschleierung jener Frauen nichts entgegensetzen, deren Vertreterinnen sie vor 50 Jahren noch die Röcke runterrissen, um sie in geschlechtsneutrale Hosenanzüge zu stecken, können nicht einmal die besten Kabarettisten im Zustand höchsten Schaffens überbieten. Um nicht zu sagen: Da lachen ja die Hühner. Jene Nachfolgerinnen des Feminismus, die sich die letzten Jahre über kreischend in der #metoo-Debatte betätigten, sind heute jene Damen, die der Frühsexualisierung von Mädchen, denen von ihren orthodoxen Vätern das Kopftuch aufgezwungen wird, das Wort reden. Bemerkenswert auch diesbezüglich die Tatsache, dass diese menschenverachtenden Tendenzen, offenbar als Kniefall vor immer größer werdenden Bevölkerungsgruppen, in das Verfassungsrecht Einzug gehalten haben. Die österreichische Bundesregierung beschloss das Kopftuchverbot für Mädchen, der Verfassungsgerichtshof hob dieses Verbot wieder auf. Eine ähnliche Spruchpraxis hätte man bis vor wenigen Jahren nur den Standgerichten in Teheran zugetraut. Es zeigt aber, dass der Islam seine Rechtspraxis eben aus seinen Herkunftsländern mitbringt, diese schleichend implementiert. Und dieses islamische Recht hat nichts mit unseren Menschenrechten gemein, die ein Bestandteil unseres gebauten Rechtssystems sind.

Natürlich gibt es Bestrebung einzelner Muslime, in Europa einen „liberalen europäischen Islam“ zu etablieren, aufbauend auf dem Freiheitdrang hier lebender Muslime. Doch ist dieses tatsächlich ehrenwerte Unterfangen dem Scheitern geweiht, denn die strenge Auslegung dieses Glaubens verträgt sich nicht mit der Philosophie des Liberalismus, er ist mit den Errungenschaften der Aufklärung schlichtweg inkompatibel. Auch jene Persönlichkeiten, die diesen liberalen Islam repräsentieren wollen, stehen allesamt unter Polizeischutz. Und ich spreche noch gar nicht von der Gewalt, also dem landläufig bekannten Terror, der von einzelnen, wenngleich auch in der Relation wenigen, Anhängern dieser Glaubensgemeinschaft ausgeht.

Das Recht auf die Freiheit unserer Identität baut auf unseren Nationen, auf deren Geschichte, auf deren Kultur, auf deren Traditionen, auf unserer gewachsenen Religion auf. Wir haben diese Identität weiterentwickelt, uns im Laufe der Historie zu modernen, zivilisierten Völkern entwickelt. Wir sehen uns auf unserem Kontinent mit alten Rezepten der Geschichte konfrontiert, mit Gleichmacherei, Wertelosigkeit. Die Kritik daran wird als Nationalismus abgetan. Nur aus unserer Identität entsteht Freiheit, nur auf Basis der Vermeidung der Fehler unserer Ahnen wissen wir heute, wie brüchig diese Identität und die darauf fußende Freiheit sind. Und wir wissen, dass unser Abfall von den Werten den Raum schafft, andere „Werte“ bei uns zu implementieren.

Die Freiheit der Wirtschaft

Der für die Entfaltung einer florierenden Wirtschaft, deren Ergebnis den Wohlstand des Menschen und damit seine Freiheit sichert, notwendige Rahmen hat sich auf ein Minimum unter folgender Prämisse zu reduzieren: Die Wirtschaft hat dem freien Menschen zu dienen, niemals umgekehrt! Und zwar in allen Bereichen, in denen sich Wirtschaft zum Wohle der Allgemeinheit und ihrer Lebensräume entfaltet.

Das bedeutet, dass unsere nur vorgeblich freie Wirtschaft von den Fesseln der staatlichen Bevormundung und Beeinflussung befreit wird. Hohe Steuern, hohe Abgaben, ein starres gesetzliches Korsett in den jeweiligen Gewerbeordnungen, Tausende Vorschriften, direkte und indirekte Eingriffe in unternehmerischen Besitz und Eigentum, eine andauernde staatliche Verletzung des freien unternehmerischen Geistes, Kammerzwänge haben doch schleichend verursacht, dass reihenweise Unternehmen – zumindest jene, die es sich von ihrer Größe her leisten konnten – ihre Zelte in Europa abgebrochen und auf anderen Kontinenten wieder aufgeschlagen haben. Oder Unternehmen kleinerer Dimension das Wirtschaften verunmöglicht wurde und diese für immer ihre Türen schlossen. Im Übrigen wurde auch der Gründergeist verunmöglicht, die Einschränkungen obsiegten über den Mut des Einzelnen, den Sprung in die Selbstständigkeit zu wagen. Alle Sonntagsreden, die Politik würde EPUs (Einzelpersonenunternehmen) oder KMUs (Klein- und Mittelbetriebsunternehmen) stützen oder sogar fördern, sind der Lüge überführt. Einerseits den Gründergeist in Vorschriften zu ersticken, um andererseits den wenigen Mutigen die Karotte einer möglichen Förderung gleichsam dem Esel vor die Nase zu halten, mag zwar kurzfristig die Statistiken der Unternehmensgründungen schönen, mittelfristig wird dadurch nur das Gegenteil erreicht.

Die Politik ist unternehmer- und wirtschaftsfeindlich, was nicht zuletzt an der Tatsache liegt, dass mittlerweile die meisten Politiker noch keinen einzigen Tag in einem Unternehmen verbracht haben und nur dann ein Interesse an Betrieben heucheln, wenn sie sich als Lobbyisten mit Korruptionshintergrund betätigen können. Dieses Gemisch aus unerfahrenen, ja sogar moralisch nicht gefestigten Politpersönlichkeiten, die in ihrem Leben bestenfalls auf ihre eigene Tasche gesehen haben, aber noch nie Löhne zahlen mussten, geschweige denn über die horrenden Steuersätze und Einschränkungen Bescheid wissen, die sie selbst beschlossen haben, steht im krassen Gegensatz zur landläufigen Behauptung, die Wirtschaft sei frei. Sie ist es nicht! Wir schimpfen uns freie Marktwirtschaft, halten aber unsere Unternehmen am Gängelband politisch widersinniger, ja einander sogar widersprechender Entscheidungen. Über das Reglement der Gemeinden ist das Verordnungswesen der Länder gespannt, darüber die Gesetzeslage des Bundes und darüber das Machwerk der Europäischen Union. Einer Gemeinschaft, die Frieden und Freiheit durch wirtschaftliche Zusammenarbeit garantieren sollte und so mit Anlauf das Gegenteil von einem sinnvollen Rahmen ist, der freie Wirtschaft garantiert. Die EU dient bestenfalls der Finanzwirtschaft, aber doch nicht unserer Realwirtschaft, die unsere Arbeitsplätze, die unsere Steuern, die unser tägliches Brot sichert. Alle vier Ebenen – von der Gemeinde bis hin zur EU – zeichnet aus, dass sie in Wahrheit an einer Planwirtschaft kommunistischen Zuschnittes tüfteln. Freiheit ja, aber nur so lange, bis wir „Stop!“ sagen. Und dieses „Stop!“ wird nicht im Interesse des Bürgers, des Unternehmers, des Arbeitnehmers, des Konsumenten ausgesprochen, sondern immer nur dann, wenn internationale Interessen, abseits Europas, es vorgeben.

Um auf die Politiker zurückzukommen, die keinen blassen Schimmer von wirtschaftlichen Zusammenhängen haben, bestenfalls dann, wenn es ihre eigenen ökonomischen Interessen berührt: Es ist kein Geheimnis, dass ich seit meinem Ausstieg aus der Politik im Jahr 2015 und meinem gleichzeitigen Einstieg in das Reich der Kommentatoren eine äquidistante Verbindung zu Verantwortungsträgern pflegte und pflege. Ein Telefonat, das mir bis heute in Erinnerung ist, ist jenes im Nachhall der Ereignisse des sogenannten Ibiza-Skandals. Der ehemalige Vizekanzler der Republik, Heinz-Christian Strache, vormaliger Parteiobmann der Freiheitlichen Partei Österreichs, von den 1970er- bis 1990er-Jahren eine wirtschaftsliberale Rechtspartei, erkundigte sich bei mir nach den formellen Möglichkeiten zur Gründung eines Unternehmens. Ich schilderte ihm die Unterschiede zwischen einem Einpersonenunternehmen und einer Gesellschaft mit beschränkter Haftung. Gerade der zu erwartende Umsatz ist eine profunde Entscheidungshilfe. Auf meinen Hinweis hin, dass die Einkommensteuer beim Inhaber des Einpersonenunternehmens 50 % der Einkünfte frisst und die Gesellschaft eben durch verschiedenste Möglichkeiten privilegiert ist, gab er sich ob dieser Binsenweisheit unverständlich erstaunt. Ich erzähle diese Begebenheit nicht, um Strache im Nachhinein zu schädigen, sondern einzig, um zu beweisen, welche Unwissenheit und welches Desinteresse unsere heimischen Politiker an den Tag legen. Der Vizekanzler und Chefverhandler einer Koalitionsregierung kennt die Steuersätze nicht.

Um diese Erkenntnis gerechter aufzuteilen: Glauben Sie, der Studienabbrecher Sebastian Kurz, der in seinem Leben nie ein Unternehmen geführt hat, habe ein besseres Verständnis für die Anliegen der Arbeitgeber und Arbeitnehmer? Oder eine Angela Merkel, die ihr gesamtes Leben nach der DDR auch in keinem Unternehmen verbracht hat, sondern eine pragmatisierte Politruine ist? Wahrlich, es hat auch andere Zeiten gegeben. Es hat Politiker von Format gegeben, die aus ihrem Zivilberuf ein hohes Maß an wirtschaftlichem Verständnis mitbrachten. In Österreich war da ein Martin Bartenstein, Langzeitwirtschaftsminister, der auf eine ansehnliche privatwirtschaftliche Karriere vor seinem Einstieg in die Politik verweisen konnte. Oder ein Franz Vranitzky, ehemals rot-weiß-roter Bundeskanzler, der zumindest eine Zeit lang als Bankenmanager sein täglich Brot verdiente. Oder auch ein Jörg Haider, der immerhin aus seinem wirtschaftlichen Background heraus tatsächlich unabhängig war, also einer der wenigen, die den Weg in die Politik nicht zur Füllung der eigenen Taschen suchen, und einer, der lernfähig genug war, sich selbst als Politiker in Harvard auf die Schulbank zu setzen, um politische Zusammenhänge zu verstehen. In der Schweiz war da ein Christoph Blocher, der den Verdienst aus seinem politischen Amt ebenso bestenfalls als Taschengeld gesehen hätte und dessen ideologische Betätigung eine rein ideelle Berufung ohne ökonomische Hintergründe war.

Summa summarum: Es gibt kaum mehr Wirtschaftspolitiker, es gibt keine Wirtschaftsparteien mehr. Die traditionelle Linke war nie wirtschaftsfreundlich. Ganz im Gegenteil: Sie versteht sich ganz in der Tradition der frühen Arbeiterbewegungen, die in Unternehmern den Klassenfeind sahen. Dieser Linken sind selbstverständlich die Sozialdemokratie und in den letzten Jahrzehnten auch die Grünen zuzurechnen. Erstere ist eine ehemalige Arbeiterpartei, die letztendlich mangels zugeneigter Arbeitnehmer Funktionärspartei wurde, während die Grünen ihre Wählerschaft dann doch eher aus Studenten, Freiberuflern, Lebenskünstlern, selbst ernannten Intellektuellen ziehen. Beide Gruppierungen samt den Linksliberalen, wie in Deutschland die FDP oder in Österreich Splitterparteien wie das „Liberale Forum" oder deren Nachfolger, die NEOS, sind keine klassischen Wirtschaftsparteien, sondern eher ein Sammelsurium vorgeblich wirtschaftsliberaler Politsekretäre, Beamten und ein paar unternehmerischer Feigenblätter. Die wahren Wirtschaftsparteien waren immer die Konservativen, die Volksparteien, die Christlichsozialen, ja, auch die Freiheitlichen. Beschämend, dass ausgerechnet diese ehemaligen politischen Standesvertreter die wirtschaftspolitische Erbpacht ihrer Ideologie längst aufgegeben haben, die Wirtschaftsfreundlichkeit bestenfalls nur mehr im Titel tragen, im Chor der Bevormunder und Einschränker gefällig mitsingen. Wenn es in Deutschland und Österreich in den letzten Jahrzehnten zwei Kanzler gegeben hat, die tatsächlich wirtschaftspolitisches Interesse hatten, dann waren das Helmut Kohl und Wolfgang Schüssel. Seitdem herrscht das Apparatschiktum oder die Herrschaft jener, die die Wirtschaft nur dann hofieren, wenn die finanzielle Gegenleistung entweder für die eigene Tasche oder die der Partei stimmt.

Dabei ist die Wirtschaft die Basis unserer freien Gesellschaft. Ohne freie Wirtschaft keine ökonomische Sicherheit, ohne ökonomische Sicherheit keine Freiheit des leistungsbereiten Individuums, ohne Freiheit keine Unabhängigkeit. Dass ausgerechnet Parteien und Regierungen, die sich aus ihrer Gründung heraus als wirtschaftsfreundlich gerieren, dann durch ihre als alternativlos dargestellte Lockdown-Politik im Zuge der hysterisierten Corona-Pandemie die größte Weltwirtschaftskrise seit dem Zweiten Weltkrieg produzierten, bestätigt die These von der Herrschaft der wirtschaftsfeindlichen Technokraten. Dadurch sind und werden vorsätzlich Arbeitsplätze vernichtet. Die Corona-Krise 2020 hat uns eindrücklich vor Augen geführt, wie abhängig Europa durch die gezielte Abwanderung der Betriebe auch in wirtschaftlicher Hinsicht geworden ist. Die Textilindustrie wurde verjagt, ebenso die Pharmaindustrie und die Technologieindustrie, ja selbst Teile der Automobilindustrie sind unter den Augen europäischer wie nationaler Verantwortlicher nach Asien geflohen, und ebenso haben viele andere Branchen das Weite gesucht. Am Höhepunkt des Horrorjahres 2020 mussten wir auf fremden Kontinenten und unter Einsatz schier unermesslicher Geldmittel um Schutzausrüstung und pharmazeutische Produkte bitten und betteln. Hier wurde es zum ersten Mal auch für den Konsumenten augenscheinlich, dass ein Großteil der Produkte des täglichen Lebens längst nicht mehr in Österreich, Deutschland, in Europa produziert wird. Viel schlimmer noch: Zulasten unserer heimischen Realwirtschaft hat sich das gesamte wirtschaftliche Leben durch den staatlich verordneten Dauerlockdown in das Internet verlagert. Das Internet kommt aber nicht aus der Steckdose; wir haben in China bestellt, uns wurde aus den USA geliefert. Die gesamte europäische Wertschöpfung wurde regelrecht verschenkt, andere rieben sich die Hände. Aus der wirtschaftlichen Einengung sind Unternehmen samt der Arbeitsplätze geflohen und der Bürger durch „Corona" nun in jene Zwangslage gebracht, dass er nur Produkte fernab jeglicher Wertschöpfung von weitab seiner Heimat konsumieren kann. Die gemachten Helden dieser Politik sind Nationen, die Umweltstandards nur vom Hörensagen kennen, also die Freiheit der Schöpfung in Tun und Handeln schänden, den Arbeitnehmern Hungerlöhne zahlen, also eine pervertierte Hyper-Marktwirtschaft über den freien Menschen triumphieren lassen. Besonders bitter! Auch die Lebensmittelindustrie bedient sich vornehmlich Produzenten weitab der Konsumenten. Es ist für mich als Mensch, der am Land aufgewachsen ist, erschütternd, ja fast pervers, dass in den Regalen der Lebensmittelindustrie Äpfel aus Chile feilgeboten werden, während unsere Bauern ihre Produkte am Baum verfaulen lassen können. Aber kann man es der Lebensmittelindustrie verdenken, die ja auch ihre Umsätze erwirtschaften muss, um Arbeitsplätze zu erhalten und Gewinne zu lukrieren? Nein! Es wäre ein Leichtes, an dieser Stelle die Industrie als Heuschrecken anzuprangern, deren einziges Wesen die Gewinnmaximierung zum Nachteil des Bürgers wäre. Natürlich gibt es diese Spezies auch, nur darf der fast marxistisch gelenkte Fokus auf einige schwarze Schafe nicht darüber hinwegtäuschen, dass unsere Politik das freie Unternehmertum in unseren Ländern gezielt unmöglich macht.

Ist es einem Unternehmer zu verdenken, wenn er aus einem Hochsteuerland mit einer Steuer- und Abgabenquote von jenseits der 50 % in ein Land abwandert, das ihm mehr Möglichkeiten zum Erwirtschaften von Gewinnen gibt? Nein, denn jedem ist das Hemd näher als der Rock. Aus einem Regulierungswahn heraus, aus dem Unvermögen der Regierungen, mit dem Steuergeld das Auslangen zu finden, heraus hat man jahrzehntelang die Fesseln angezogen und steht nun wie ein begossener Pudel vor der Tatsache, dass uns Betriebe, Arbeitsplätze und Steuern zur Finanzierung der Infrastruktur, des Sozial- und Gesundheitssystems fehlen. Je mehr der Staat forderte, umso schneller haben sich die Melkkühe eben andere Weiden gesucht. Im Umkehrschluss nehmen wir gezwungenermaßen Kredite von Ländern wie China auf, in die unsere Wirtschaft abgewandert ist. Sinnigerweise. Und mit unserem neu an den Tag gelegten, regelrecht aufgezwungenen Konsumverhalten finanzieren wir unsere Kreditgeber. Im Jahr 2008 brach die Finanzwirtschaft ein, hochspekulative Geschäfte, ja Betrügereien haben ein weltweites Finanzsystem kollabieren lassen. Und was haben die Staaten getan? Den Bürger weiter in die Schuldenfalle der staatlichen Kredite geführt, um jene zu retten, die das Finanzsystem vergiftet hatten. Und die Ruinen dieser Finanzkrise von 2008 wurden wiederum von China aufgekauft, man betrachte nur die allseits bekannten Beispiele Griechenland und Italien. Unserer Realwirtschaft, die durch einen Einbruch des Konsumverhaltens in unsicheren Zeiten hauptbetroffen war, wurde nicht geholfen.

Des Pudels Kern ist eben jener Staat, der die Realwirtschaft zwar einengt, aber die Finanzwirtschaft an der langen Leine lässt. Letztere dient nämlich längst nicht mehr dem Menschen. Bestes Beispiel für die Einengung unserer Wirtschaft sind die unzähligen Vorschriften, das Gewerberecht, beeinflusst durch Kammern, die in der Aufrechterhaltung des Status quo quasi als Selbstzweck ihre Existenz sehen. Je komplizierter die gesetzlichen Vorgaben, umso mehr braucht man die Kammern als Standesvertretung – so zumindest die irrige Annahme der Anhänger dieser alten Strukturen. Es wurde als Existenzberechtigung für Kammern im Steuer- und Abgabenrecht, in den Vorschriften unterschiedlicher Ebenen ein Dickicht sondergleichen geschaffen. Es werden also Probleme geschaffen, um die Lebensberechtigung vermeintlicher Problemlöser sicherzustellen. Der Unternehmer, durch Zwangsmitgliedsbeiträge auch noch finanziell geschädigt, um Tausende Funktionäre in diesem System zu finanzieren, wird so zum Bittsteller bei den mit seinen Beiträgen finanzierten Kammern. Das Gleiche, nur spiegelverkehrt, gilt für die Arbeitnehmer, die noch dazu zumindest die Auswahl zwischen der durch Zwangsmitgliedsbeiträge finanzierten Arbeiterkammer oder einer der unzähligen Gewerkschaften haben. Es gibt Hunderte Beispiele weltweit, wo die Wirtschaft, also die Zusammenschau von Arbeitgebern und Arbeitnehmern, besser funktioniert, ohne auf diese aufgeblähten Strukturen, auf diesen Staat im Staate, zurückgreifen zu müssen. Und vor allem eine entscheidende Frage beantworten uns die Arbeitgeber- und Arbeitnehmervertreter nicht: Auf welcher Seite standen sie, als die Finanzwirtschaft die Realwirtschaft schwächte? Auf welcher Seite standen sie, als die Regierungen Gesundheitsrisiko gegen Wirtschaft ausspielten und die Letztere massiv schädigten? Richtig, sie standen nicht auf der Seite ihrer schutzbefohlenen Mitglieder, sie kamen ihrer Aufgabe als Standesvertreter mitnichten nach! Und wo standen sie, als die Regierungen in Europa reihenweise in den unternehmerischen Besitz, in die Freiheit des Unternehmers, direkt eingriffen? Erinnern Sie sich noch daran, wie Gastronomiebetrieben das Rauchverbot auferlegt wurde? Man könnte nun einwenden, dass diese Debatte wohl nicht das Debakel unserer unfreien Wirtschaft widerspiegele, längst erledigt sei und sich in Wohlgefallen aufgelöst habe. Nein, denn hier hat sich der Staat über die unternehmerische Freiheit des einzelnen Gastronomen erhoben und bevormundend eingegriffen, anstatt im Sinne einer freien Marktwirtschaft die Wahlfreiheit des Unternehmers und seines Gastes zu garantieren. Der Staat und seine Beamten als Götter, die unter dem Deckmantel des Schutzes von Konsumenteninteressen – als wären Raucher keine Konsumenten – in das Grundrecht eines Unternehmers eingegriffen haben, ihm die Ausrichtung seiner Unternehmung vorgeschrieben haben. Und die Rauchverbotsdebatte war eben, weil so polarisierend, ein kleines, aber ein transparentes und für alle sichtbares Beispiel, wie der Staat seine Wirtschaft an die Kandare nimmt, wenn es ihm beliebt. Ein Großteil der bisherigen Einengungen bleibt dem Bürger nämlich im alltäglichen Leben verborgen.

Man möchte meinen, dass im Laufe der Jahre und Jahrzehnte, einhergehend mit dem Fortschritt der Digitalisierung, auch die Einflussnahme des Staates auf Unternehmen zurückgedrängt würde. Eine irrige Annahme, es werden immer mehr Reglementierungen, immer mehr Steuergesetze, immer mehr Sozialversicherungsnovellen, das Arbeitsrecht, das Gewerberecht, alles galoppiert davon. Zu diesem einschränkenden Rahmen gesellt sich die Korruption, das wahre Gift für eine freie Wirtschaft. Die Wirtschaft sieht sich vor allem im staatlichen Bereich mit der Korruption konfrontiert, ja sie wird regelrecht dazu genötigt, Moral und Gesetzmäßigkeit über Bord zu werfen, Schutzgeld zu zahlen, um am Markt teilhaben zu können. Die Geschichtsbücher sind voll von den Korruptionsskandalen, die Deutschland und Österreich in den letzten Jahrzehnten begleiteten. Die Amigos aus Bayern, wo für jeden staatlichen Auftrag, jede Genehmigung der Freund eines Freundes in Parteikassen einzahlen musste oder Politiker direkt schmierte. Kein Rüstungsgeschäft in Österreich oder Deutschland, das nicht jahrzehntelange strafrechtliche Verfolgung nach sich zog. Kaum eine öffentliche Beschaffung, die nicht ins Halbseidene abglitt. Kaum ein großes Bauprojekt, wo nicht im Wege von gewollten Baukostenüberschreitungen am Steuerzahler vorbei im großen Stil Schmiergeld gezahlt wurde. Und kaum ein Regierungspolitiker, der nicht in einem der unzähligen Verfahren als Beschuldigter oder Verdächtiger geführt wurde. BUWOG, Noricum, Lucona, AKH-Skandal, Eurofighter, ja selbst die Maskenbeschaffung während der Corona-Pandemie produzierte erfolgreiche Krisengewinnler auf dem Rücken jener Unternehmer und Arbeitnehmer, die alles verloren haben. Die schwarzen Schafe in der Politik werden nur mühsam belangt, die diesen verwerflichen Methoden gegenüberstehenden schwarzen Schafe in den Unternehmen werden als besonders gefinkelte und gewiefte Wirtschaftskapitäne abgefeiert, größtenteils unbehelligt gelassen. Der edle, anständige, moralisch erhabene, sozial denkende Unternehmer steht unter Minderheitenschutz, da die Möglichkeit des kriminellen Arrangements verlockender erscheint als der gerade, ehrliche Weg. Aus der Korruption entstehen Abhängigkeiten, Schicksalsgemeinschaften und Seilschaften der gemeinsamen Vertuschung. Und aus der ersten erfolgreich absolvierten Korruption entsteht die zweite, dann die dritte, und irgendwann hat diese Art der unredlichen Geschäftemacherei die freie Wirtschaft zerstört. Im Übrigen geht auch das Vertrauen der Bürger in Politik und Wirtschaft den Bach hinunter. Es beginnt in der Gemeinde, wo besonders großzügigen Unternehmern Flächenwidmungen zugeschanzt, Baugesetze gebrochen werden. Ja, es soll Politiker und Beamte geben, die sich die Kuverts mit Bargeld in die oberste Schublade ihres Schreibtisches legen lassen. Still und heimlich, ohne ein Wort zu wechseln. Die Blicke sagen alles, der Bescheid wird zugunsten des Höchstbieters von schmutzigem Geld ausgestellt. Oder Provinzkaiser erwarten sich für die „Gefälligkeit" eine noble Spende für den nächsten Gemeinderatswahlkampf in Form eines Inserates in der Parteizeitung. Diese Bakschisch-Mentalität zieht sich über Länder und Bund bis hinauf auf die Ebene der EU. Der technische Ablauf ist immer der gleiche, bloß das Volumen des Schwarzgeldes steigt in die Höhe. Aus einigen Zehntausend werden Hunderttausende und in Brüssel Millionen, die Politiker als eine Art von Lobbyisten mit Korruptionshintergrund ausdealen. Nicht das beste Produkt kommt zum Zuge, nicht die umfassendste Dienstleistung wird herangezogen, nicht der rechtschaffene Unternehmer bekommt die Aufträge, sondern jene, die am besten zahlen, den Entscheidern am besten zu Gesichte stehen, am schleimigsten lobbyieren und Türklinken putzen, ja die Hintern von Politikern und Beamten vergolden. Das Höchstbieterprinzip verkommt so zu einer situationselastischen Überschrift, Vergabeverfahren stehen bereits im Vorhinein fest. Und nachdem nicht der Beste oder Billigste zum Zuge kommt, sondern schlichtweg der Kriminellste, entgehen dem Steuerzahler jährlich Milliarden Euro. Der einfache Bürger hingegen kann es sich vor dem Finanzamt nicht richten, der anständige Unternehmer auch nicht. Es gibt keine Freiheit zum Verbrechen, aber es gibt ein Recht auf die Freiheit der Wirtschaft und einen anständigen Wettbewerb. Nur, weil in den meisten Fällen kein Blut, sondern nur illegal Geld fließt, ist Korruption kein Kavaliersdelikt, sondern ein Verbrechen an Wirtschaft und Gesellschaft.

Eine freie Wirtschaft entfaltet sich nur ohne überbordende Einschränkungen, ohne Auflagen und horrende Steuern und Abgaben. Sie dient schlussendlich dem Menschen und beherrscht ihn nicht. Diesem Geiste entsprechend trägt sie auch Verantwortung gegenüber unserer Umwelt und deren Ressourcen. „Mach dir die Erde untertan", das bedeutete nie, dass wir sie zerstören sollen, denn sie ist ja nichts Geringeres als unser Lebensraum, in dem wir uns frei und verantwortungsvoll entfalten sollen. Dass gewichtige Teile der Industrie unter dem Druck einer globalisierten Nachfrage vorsätzlich die Umwelt zerstören, hat nichts mit der einzuräumenden Freiheit der Wirtschaft und des Marktes zu tun. Ganz im Gegenteil, mit dem Raubbau lebensnotwendiger Ressourcen beschränken wir uns selbst in unserer Zukunft. Die Wirtschaft ist auch hier nicht als abstraktes Wesen zu verstehen, sie ist der Ausdruck unseres höchstpersönlichen Konsumverhaltens. Der Markt agiert nach der Prämisse von Angebot und Nachfrage. Ohne unsere Nachfrage nach Konsumgütern kann kein Angebot stattfinden. Wir selbst entscheiden daher darüber, in welchem Ausmaß Wirtschaft und Industrie agieren. Wir vergessen dabei allzu oft, dass wir jene Freiheit, die wir über unseren Lebensraum und seine Güter geerbt haben, auch im gleichen Umfang an unsere nachfolgenden Generationen weiterzugeben haben. Man konnte im Laufe der letzten Jahrzehnte wahrlich den Eindruck gewinnen, dass eine wert- und unfreie Gesellschaft im Überfluss lebte und darauf vergaß, dass es auch nach ihr noch eine Welt geben sollte, in der nachfolgende Generationen zu ihrer Freiheit finden, in der eine freie Wirtschaft auch Ressourcen im notwendigen Maß vorfindet. Aus dieser Erkenntnis heraus leben wir heute einen ideellen Generationenvertrag für die Umwelt, für unsere

Ressourcen, analog zu den Modellen, die im Solidarwesen entwickelte Staaten auch für ihr Sozialsysteme anwenden. Wenn wir in Europa diesen Weg gehen, ist das aber nur der sprichwörtliche Tropfen auf den heißen Stein. Denn was nützt es uns, die hehren Ziele des Natur-, Umwelt- und Klimaschutzes hier an Ort und Stelle zu erreichen, wenn auf anderen Kontinenten der Raubbau an Umwelt und Ressourcen feuchtfröhlich seine Fortsetzung findet?

Der Geist des Umweltschutzes hat sich zumindest auf unserem Kontinent längst durchgesetzt, nicht als Zugeständnis an eine in diesem Bereich seit Jahrzehnten tätige Partei, sondern wohl eher aus einer Erkenntnis heraus, dass es nach dem Zeitalter der Industrialisierung die Aufgabe unserer Generation ist, die Errungenschaften dieser mit den natürlichen Gegebenheiten unseres Globus in Harmonie, in Gleichklang zu bringen. Aber im Gegensatz zu den Nationen kennt die Umwelt eben keine Grenzen und lässt sich übrigens auch nicht bestechen. Wenn wir hier in Europa der Klassenbeste sind, aber in China auf Teufel komm raus die Umwelt zerstört wird und sich diese umweltpolitischen Schurkenstaaten mit Zertifikaten freikaufen können, entspricht das eben nicht dem Sinn einer globalen und verantwortungsbewussten Bewahrung der Schöpfung. Dieser Grundsatz soll kein Aufruf für die sich in den letzten Jahren formierende Klimabewegung rund um die schwedische Berufsschulschwänzerin Greta Thunberg sein. Diese sich binnen kürzester Zeit um den gesamten Globus spannende Initiative verfolgt mit Unterstützung der auch in dieser Frage gleichgeschalteten Medien eine ganz andere Agenda, nämlich die schleichende Einführung der Neuauflage einer Planwirtschaft unter dem Deckmantel des besorgten Umweltschützers. Dem Bürger soll die Ausgestaltung aller Lebensbereiche vorgeschrieben werden, beginnend beim Eigentum bis hin zum Verkehr. Verantwortungsbewusstsein wird durch Zwänge abgelöst. Jüngste Forderungen beispielsweise aus Deutschland, wonach dem Bürger der Bau von Einfamilienhäusern untersagt werden soll, sind die politischen Ausläufer dieser Debatte, die von einer Minderjährigen auf den Treppen des schwedischen Reichstages ausgegangen ist. Auch bemerkenswert ist das fast schon besessen vorgetragene Eintreten für E-Mobilität, im Wissen, dass die Umstellung auf eine solche Technologie erst recht den Raubbau an Umwelt und Ressourcen vorantreiben und im Ergebnis auf eine Enteignung der individuellen Verkehrsmittel hinauslaufen wird. Hier zeigt sich einmal mehr das Repetitive der Geschichte: War es die sogenannte '68er-Bewegung, die für Freiheit eintrat und schlussendlich die Unfreiheit meinte, ist es nun eine infantile Gruppe, die unter dem Schlagwort „Klimaschutz" ihrem Leben erstmals einen höheren Sinn zu geben versucht, aber sich doch gleichzeitig als die nützlichen Idioten jener Gestalten herausstellt, die nur die Unfreiheit des einzelnen Menschen meinen, die weitere Einengung der Wirtschaft, ja die Umstellung des gesamten wirtschaftlichen Systems hin zu einem autokratischen Apparat, in dem zur bloßen Zahl mutierten Bürgern nur das zugestanden wird, was sie laut dem höheren Wesen „Klimawandel" unbedingt zum Leben brauchen.

Dass die Thesen der infantilen Klimaterroristen und ihrer handaffigen „Experten" nicht stimmen, bewies ausgerechnet die Corona-Krise im Jahr 2020. Durch die Lockdowns kam es zumindest in der Anfangsphase zu einem völligen Erliegen des Individualverkehrs über Wochen hinweg. Das hätte sich in den Feinstaubwerten der Städte und Metropolen Europas niederschlagen müssen. Hat es aber nicht, zumindest nicht im erwartbaren Bereich. Und siehe da, der Individualverkehr ist zumindest nicht der Feinstaubtreiber Nummer eins und die schon fast kriminalisierten Autofahrer nachweislich nicht des Teufels Ausbund. Auch diese Erkenntnis hindert übrigens alle europäischen Staaten nicht daran, die kraftstoffbetriebenen Fahrzeuge in Bälde zu verbieten und die gesamte Fahrzeugflotte des Kontinentes auf E-Mobilität umzustellen. Um deren Energiebedarf zu decken, werden wir dann wohl wieder – trotz der verstrahlten Erkenntnis aus Tschernobyl oder Fukushima – auf die Atomkraft setzen müssen. Deren Lobby setzt sich offenbar immer durch, was nicht zuletzt an der Tatsache liegen dürfte, dass ehemals einflussreiche Staats- und Regierungschefs ihr finanzielles Ausgedinge in den Aufsichtsräten entsprechender Atom- und Energiekonzerne finden. Und dieser Interessenkonflikt zeigt sich auch an der Haltung nationaler Regierungen, die nicht willens und in der Lage sind, das Zeitalter der Atomkraft zu beenden. Weil eben das Risiko, Lebensräume des Menschen zu zerstören, höher ist als der daraus gewonnene Nutzen. Die kaputten Atommeiler in Tschechien oder Slowenien sind eine Gefahr für Mitteleuropa. Und dennoch hat die EU – und damit die Gesamtheit aller EU-Mitgliedstaaten – im Zuge der jeweiligen Beitrittsprozesse generös auf ihre Einspruchsmöglichkeit verzichtet, diese Schrottmeiler endlich zu schließen. Eine freie Wirtschaft, darin enthalten die freie Energiewirtschaft, darf sich nie gegen den Menschen und seinen Lebensraum richten. Umgekehrt hat auch die Politik sämtliche überbordenden Einschränkungen zu unterlassen. Freie Wirtschaft und freier Mensch sind kein Widerspruch – ohne das eine ist das andere nicht möglich.

Die Freiheit des Menschen

Der sich frei wähnende Mensch lebt im Korsett seiner Sozialisierung. Es ist eine auf materiellen Wohlstand aufgebaute Scheinwelt, die uns glauben macht, wir seien tatsächlich frei. War es Voltaire, der dem damals herrschenden Absolutismus, der Feudalherrschaft und dem weltanschaulichen Monopol der Kirchen sein Modell der Aufklärung gegenüberstellte, den unterdrückenden Mief der Jahrhunderte durchbrach, scheint sich der Mensch heute mit dem neu aufgekommenen Gestank der Unfreiheit abgefunden zu haben, noch immer nicht in vollkommener Freiheit, sondern unter der Rückkehr längst überwunden geglaubter Zwänge zu leben.

Religiöse Zwänge halten wieder Einzug in Europa. Von Religionen, die niemals durch das segensreiche Wirken der Aufklärung gereinigt wurden, deren zivilisatorischer Grad jenem der finstersten Teile des Mittelalters entspricht. Aus Ländern des Nahen Ostens kommend, die für vieles bekannt sein mögen, aber doch nicht für Freiheit und zivilisatorischen Fortschritt. Aber auch historisch in unseren Ländern gewachsene Religionsgemeinschaften versteigen sich in eine politische Agenda und werden so zu Werkzeugen einer politischen Elite, die durch ihre fast aggressive Vereinnahmung der Religion nur

Name

Straße

PLZ Ort

Telefon

E-Mail

☐ (Pflichtfeld) Ich bestätige, dass ich das 16. Lebensjahr vollendet habe und erteile meine ausdrückliche Zustimmung, dass die von mir oben angegeben Daten durch die Ares Verlag GmbH zum Zweck der Vertragserfüllung und Leistungserbringung verarbeitet und an Auftragsverarbeiter weitergegeben werden, UND dass

☐ die angegeben Daten durch die Ares Verlag GmbH zum Zweck des Newsletterversands verarbeitet, an Auftragsverarbeiter weitergegeben werden und ich werbliche Informationen und Angebote via Post, E-Mail, Telefon erhalte.

Ich kann meine Zustimmung jederzeit widerrufen. Dafür wende ich mich an die Ares Verlag GmbH (Hofgasse 5, A-8010 Graz; Tel: 0043316/821636; E-Mail: datenschutz@stocker-verlag.com). Alle Infos: www.stocker-verlag.com/datenschutz.

Datum____________ Unterschrift ____________________

Bitte frankieren!

ANTWORTSENDUNG

ARES VERLAG

Postfach 438
Hofgasse 5
8011 Graz

Liebe Leserin, lieber Leser,

wir freuen uns über Ihr Interesse an unserer Verlagsarbeit. Gerne informieren wir Sie über Neuerscheinungen aus unserem Programm.

ARES VERLAG

Diese Karte entnahm ich dem Buch:

____

Ihre Meinung zu diesem Buch:

____

Wie gefällt Ihnen unser Programm:

____

Welche Vorschläge für Bücher haben Sie für uns?

____

Auf dieses Buch wurde ich aufmerksam durch:

- ☐ Buchhandlung
- ☐ Buchhandelsprospekt
- ☐ Buchbesprechung
- ☐ Empfehlung
- ☐ Anzeige
- ☐ Inserat in: ____________
- ☐ Verlagsprospekt
- ☐ Anderes: ____________

Ihre Angaben helfen uns, unsere Bücher noch interessanter für Sie zu machen.
Herzlichen Dank!

Besuchen Sie uns auch im Internet: [illegible]

zerstört. Papst Benedikt XVI. hat in eine seiner großen Enzykliken, „Deus caritas est“, eine Stelle aus dem Matthäus-Evangelium zentral eingefügt: „Gebt dem Kaiser, was des Kaisers ist, und Gott, was Gottes ist“. Religion und Staatswesen sind voneinander strikt zu trennen. Immer öfter begegnet man dem unlauteren, ja grenzüberschreitenden Versuch der politischen Einflussnahme, nicht nur von Vertretern der christlichen Kirchen, nein, auch beispielsweise von Vertretern des Judentums, aber auch der muslimischen Gemeinschaften. Das kann der Staat, der größtmögliche Freiheit in einem gesetzlichen Rahmen zu garantieren hat, nicht dulden. Ich führe hier exemplarisch die Diskussion im Jahr 1992 um das in Österreich 1993 durchgeführte Volksbegehren „Österreich zuerst“ von Jörg Haider an, als sich reihenweise Vertreter der Religionsgemeinschaften massiv in die tagespolitische Auseinandersetzung einbrachten, volkstümlich gesagt: „Politik von der Kanzel“ machten. Der einzige hohe katholische Kirchenvertreter, der getreu seiner Berufung von politischer Beeinflussung Abstand nahm, war der St. Pöltener Diözesanbischof Kurt Krenn. Er büßte dafür, wurde von Mainstream und Medien verteufelt, über Jahre hinweg regelrecht verfolgt. Man verzieh ihm seine stringente Haltung nicht, legte sie ihm selbst in eigenen Kirchenkreisen als fürchterliche und unentschuldbare Unsolidarität aus. Aber die Wahrheit ist bekanntlich eben eine Tochter der Zeit, und der Treppenwitz der Geschichte ist, dass die einzelnen Punkte dieses Volksbegehrens heute allesamt unbestrittener und von allen Lagern akzeptierter Gesetzesbestand sind. Damals regelrecht verteufelt, heute State of the Art der Migrationspolitik.

Aber auch gegenwärtig ist es noch immer gang und gäbe, dass Religionsvertreter ihre Befugnis überschreiten und Einfluss auf Gesetzgebung oder gar Regierungsbildungen nehmen wollen. Dies widerspricht klar dem Geist der Aufklärung und im Übrigen auch unserer Verfassung. Es schränkt die Menschen in ihrer demokratischen Freiheit unter Zuhilfenahme eines religiös motivierten Versuches moralischer Verurteilung ein. Und es schränkt die Staatsorgane ein. Aber von absolutistischen Tendenzen waren auch wir nie ganz gefeit. Ganz im Gegenteil, wiederholte Umfragen zeigen uns doch regelmäßig, dass der Ruf nach dem starken Mann, der alles autokratisch regelt, dem wir unsere Entscheidungsfreiheit großzügig in die Hände legen, nach wie vor Bestand hat. Eine Rückschau in die jüngere Geschichte legt trauriges Zeugnis darüber ab, dass wir von Zeit zu Zeit der Freiheit überdrüssig werden und uns sogar freiwillig dem Zwang eines vermeintlich höheren Wesens aus Fleisch und Blut unterwerfen. Und zwar immer dann, wenn politische Verhältnisse instabil werden, sich der Mensch von einem autoritären Führer eine bessere Zukunft erwartet. Ich meine nun nicht in erster Linie die Schreckensherrschaft des Nationalsozialismus – der Hang zu fast messianisch verehrten Gestalten ist heute lebendiger denn je, und auch die Bereitschaft, sich solchen Figuren mit Haut und Haaren auszuliefern. All das nur, weil das Individuum regelrecht mutlos nicht daran glaubt, auf Basis seiner eigenen Freiheit die Fährnisse der Zeit bewältigen zu können. Nur in der Hoffnung, die Krise möge dank des starken Retters vorbeigehen, das Leben des Einzelnen wieder besser werden. Die Freiheit aber, die wir dem starken Mann oder der starken Frau in der Zeit höchster Not übereignen, geben uns dieser oder diese nicht mehr zurück. Sie gewöhnen sich schnell an die Machtbefugnisse, die hehren Ziele sind da rasch vergessen.

Und gerade Österreich ist ein guter Beleg für die These, dass der Mensch mittlerweile müde geworden sei, sich seine Freiheit in allen Bereichen des Lebens zu erkämpfen. Die Folgen der Zerstörung durch den Zweiten Weltkrieg zwangen nach 1945 zwei verfeindete große politische Lager, die Sozialdemokratie und die Christlichsozialen, zur absoluten Zusammenarbeit, um so den Wiederaufbau des durch Krieg und Diktatur entstellten Landes zu ermöglichen. So richtig und wichtig dieser staatstragende Zusammenschluss damals war, in dem die Hauptvertreter des politischen Lebens eben an einem Strang zogen, so falsch ist das daraus entstandene Ergebnis: Der alles beherrschende, in alles eingreifende, der alles regelnde Parteienstaat. Jörg Haider hat sich in seinem Werk „Die Freiheit, die ich meine“ ausführlich mit dessen Auswüchsen beschäftigt und seine Thesen für eine Art von Dritter Republik, befreit von der unerträglichen Einflussnahme beider Parteien SPÖ und

ÖVP, die seinerzeit das gesamte Leben des Menschen – von der Wiege bis zur Bahre – regelten, dargelegt. Seit der Entstehung des genannten Werkes in den beginnenden 1990er-Jahren hat sich diesbezüglich – bis auf einige demokratiepolitische Betriebsunfälle, wie die kurzen Regierungsbeteiligungen der FPÖ oder der Grünen – nicht viel getan. Ganz im Gegenteil, das ewige Spiel beider Parteien, bis in die kleinste Zelle des Staates schamlos einzugreifen, hat sich trotz mutiger Versuche des Aufbruches nicht verändert. Zwar gibt es die typische, offensichtliche Parteibuchwirtschaft, die einem bei der Erlangung eines Arbeitsplatzes oder einer Wohnung im sozialen Wohnbau unter die Arme griff, mangels Mitgliedern nicht mehr, doch ist die Einflussnahme der beiden ehemaligen Großparteien subtiler, dafür aber intensiver geworden. Und der Aufschrei der Bevölkerung ob dieser nach wie vor lebendigen Tatsache wurde gleichzeitig leiser. Man könnte meinen, der „freie" Mensch habe sich mit der Bevormundung durch den Parteienstaat abgefunden. Von den Autofahrervereinigungen bis hin zu den Naturschutz- und Alpenvereinen, von den Wirtschafts-, Arbeiter- und Landwirtschaftskammern, die Gewerkschaften, die staatsnahen Betriebe und Gesellschaften, die Bundesbahnen, den öffentlich-rechtlichen Rundfunk, die Schulen, die Justiz bis hin zu den Sozialversicherungen, den Banken, dem Sicherheitsapparat, der gesamten Verwaltung: Österreich ist nach wie vor fein säuberlich zwischen den beiden einstigen Großparteien aufgeteilt, parteipolitische Nullgruppler oder Vertreter anderer Parteien dienen lediglich als Feigenblätter, um nur irgendwie eine Ausgewogenheit zu imitieren.

Viel schlimmer noch, man findet in diesem Land vor allem in der Verwaltung und den staatsnahen Bereichen tatsächlich keine wahrhaft unabhängigen Persönlichkeiten. Den beiden Parteien vorgelagert ist eine Unzahl an Vereinen, Verbänden und Vereinigungen – teils offiziell, teils wirken sie im Verborgenen. Ihr Ziel ist jedenfalls die Durchdringung des Staates mit Parteigängern und Anhängern; das Recht auf Erfolg des Einzelnen, des nicht in Parteien und Verbänden organisierten Menschen, wird somit geschmälert. Aber der Reihe nach: Das Bildungssystem ist von parteipolitischer Geiselhaft geprägt. Seit

Jahrzehnten gilt die alte Faustregel: roter Bürgermeister, roter Schuldirektor. schwarzer Bürgermeister, schwarzer Schuldirektor. Und bei einem roten Schuldirektor wird auch das Lehrpersonal hauptsächlich aus der einen ideologischen Reichshälfte besetzt. Der junge Mensch kommt schon sehr früh in den Genuss des österreichischen Proporzes. Ich bin im weststeirischen Deutschlandsberg aufgewachsen und zur Schule gegangen. Die Handelsakademie war – sinnigerweise – größtenteils sozialdemokratisch besetzt, das Bundesoberstufenrealgymnasium, einen Stock tiefer in demselben Schulgebäude, folgerichtig von ÖVP-nahem Bildungspersonal durchdrungen. Was den unbedarften Schüler jeweils erwartet, braucht nicht sonderlich erwähnt zu werden. Neben dem vorgegebenen Lehrstoff wird gleich noch eine gehörige Portion subjektiver Weltanschauung mitgeliefert. Überhaupt gewinnt man den Eindruck, es würden Weltanschauungen indoktriniert und nicht Bildungsinhalte gelehrt. Und diese Parteipolitik zieht sich durch das gesamte Lehrmaterial. Der Standort bestimmt eben den Standpunkt. Überflüssig zu erwähnen, dass Österreichs Bildungssystem bei den PISA-Werten immer am unteren Ende der Skala zu liegen kommt. Die alte Tradition, nach der die Posten entweder von den Christgewerkschaftern, Landeshauptleuten, Bürgermeistern oder dem Bund Sozialistischer Akademiker vergeben werden, wird eben hochgehalten. Und wen interessieren schon Bildungsstandards? Hauptsache, die eigenen Parteigänger werden untergebracht! Diese Tradition setzt sich fort, denn es ist – frei nach Schiller – wie beim Bösen, das unentwegt gezwungen ist, Böses zu gebären. Sozialdemokratie und Volkspartei sind wie Efeu am Baum, sie nähren sich durch den Stamm, und irgendwann haben sie ihren Wirt, also den Baum, zerstört. Zugutehalten muss ich an dieser Stelle, dass Ausnahmen die Regel bestätigen und natürlich Lehrer und Direktoren aus parteinahen Bereichen nicht a priori schlechter geeignet sind. Es geht darum, dass nach wie vor das Leistungsprinzip, ja die Freiheit auf Erfolg des einzelnen Individuums, durch Verhaberung ersetzt wird. Und diesen unerträglichen Mühlstein wird dieses Land einfach nicht los.

Im Justizbereich, also in einer der tragenden Säulen des Staates, herrscht die gleiche parteipolitische Vereinnahmung, allerdings mit noch größerem Schaden. Das Vertrauen der Menschen in die Justiz ist nicht zuletzt durch diese Tatsache enden wollend. Der guten alten Farbenlehre entspricht, dass die österreichische Korruptionsstaatsanwaltschaft einen Linksdrall hat, während die Oberstaatsanwaltschaft Wien traditionell im Nahbereich der Österreichischen Volkspartei besetzt wird und die Oberbehörde, das Justizministerium, das Aufmarschgebiet dieser verfeindeten Lager darstellt, weshalb dort aufgrund der unterschiedlichen Parteieninteressen regelmäßig die offene Feldschlacht tobt. Oftmals bekommt man auch den Eindruck, dass die Urteile im Vorfeld in Parteisektionen oder Logen vorbesprochen werden. Für die Qualität unserer Justiz verheißt diese Geiselnahme durch die Parteien nichts Gutes. Die Göttin Justitia ist grundsätzlich blind, in Österreich hat sie dafür ein Parteibuch. Selbst der Verfassungsgerichtshof ist vor ideologischer Weltanschauung nicht gefeit. Es gibt zwei Erkenntnisse, die diese unheilige Praxis deutlich machen: erstens die Legalisierung der Sterbehilfe, also die justizielle Erkenntnis eines österreichischen Gerichtshofes, aufgeladen mit all der grausamen Geschichte aus der NS-Zeit, dass es auch „unwertes Leben" gibt, das es zu beenden gilt. Ein Irrsinn, der sich hier breitmacht, legalisiert wird, zumal die Würde des Menschen, der Wert seines Lebens vom ersten Schrei bis zum letzten Atemzug, unantastbar ist. Natürlich steht es jedem Menschen frei, sich das Kostbarste selbst zu rauben, aber die Freiheit bedingt nicht das Recht, Mithelfer zu Mördern zu machen, sie zur Beihilfe zum Selbstmord zu verpflichten. Und beim zweiten Erkenntnis, nämlich das Kopftuchverbot für Mädchen aufzuheben, haben – zynisch gesagt – selbst die Gerichtshöfe der islamischen Welt neidvoll nach Österreich geblickt. Die sexualisierte Stigmatisierung von Frauen im Mädchenalter aufgrund religiös-politischer Zwänge, also durch das Kopftuch, wird durch Verfassungsrichter legalisiert. Mehr Weltanschauung eines Verfassungsgerichtshofes, dessen Mitglieder allesamt von Parteien und der Regierung entsandt werden, noch dazu die unseren Werten konträr entgegengesetzt falsche, geht nicht mehr.

Zum reinen Propagandawerkzeug dieser Weltanschauung verkommt derweil der unter dem gleichen politischen Einfluss stehende öffentlich-rechtliche Rundfunk. Dieser wurde trotz gefühlt Hunderten ORF-Reformen nie in die Freiheit einer objektiven Berichterstattung entlassen. Ein mächtiger Stiftungsrat, von der Regierung, den Parteien und den Sozialpartnern bestückt. wacht über das paritätische Gleichgewicht zwischen den Parteiinteressen. Die Interessen der Seher und Hörer sind hingegen weniger machtvoll ausgeprägt, obwohl diese über Zwangsgebühren und Steuern dieses Vehikel der Parteienpropaganda am Leben erhalten dürfen. Trotz aller Bemühungen der letzten 30 Jahre: Dieses rot-schwarze System und seine Satelliten weichen nicht, sie sind die politische Steinflechte, die an der gesamten Geschichte der Republik nach wie vor haftet. Dieses Gleichgewicht des Schreckens regiert nach wie vor, zwar verborgener, aber dafür nicht weniger effektiv. Auch wenn beide Parteien unterschiedlicher nicht sein könnten, in einem Satz, eigentlich in ihrer Lebensdevise, finden sie zusammen: „Bist du nicht für mich, so bist du gegen mich“, schallt es gleichsam jenen Menschen ins Gesicht, die sich diesem Regime – Jörg Haider nannte es einst „das Fettauge auf der Rindsuppe“ – nicht beugen wollen. Nicht der Beste bekommt den Posten, sondern meist der willfährigste Pfosten, sprich der treueste Anhänger einer Partei. Abgesehen davon, dass dieser in der Realverfassung Österreichs festgeschriebene Nepotismus weder moralisch noch ethisch vertretbar ist und übrigens auch klar gesetzeswidrig, wird er dennoch gelebt. Diese gepflogene Personalpolitik hat natürlich auch Auswirkungen auf die Qualität der österreichischen Demokratie und ihrer Institutionen. Wir nennen uns zwar stolz eine Demokratie, doch in Wahrheit sind wir eine Demokratur. Also ein Staat, dessen Politiker zwar das Volk wählen lassen – aber es ändert sich halt nichts. Die altbekannten Quallen sitzen immer weiter an den Schalthebeln der Macht, da kann das Wahlergebnis noch so desaströs ausfallen. Eigentlich eine gefinkelte Konstruktion, die sich da über die Jahrzehnte mit dem alleinigen Ziel des Machterhaltes aufgebaut hat. Das ist die Realverfassung, die im klaren Widerspruch zur demokratischen Verfassung steht.

Ein weiteres Beispiel hierfür ist die Divergenz zwischen dem freien Mandat eines Volksvertreters und dem sogenannten Klubzwang, den es gar nicht geben dürfte. Die Bürger Österreichs sind durch 183 Abgeordnete im Nationalrat vertreten. Glauben Sie wirklich, dass sich die demokratische Vielstimmigkeit der Bürger unseres Landes dadurch am besten ausdrückt, dass 183 freie Bürger im Parlament ihr Votum im Hohen Haus tatsächlich immer so gestalten, wie es ihnen ihre Parteiführung vorschreibt? Ich persönlich habe mich immer dem Klubzwang widersetzt. Nicht aus einer Disziplinlosigkeit oder einem Querulantentum heraus, sondern mit der festen Überzeugung, dass ich als Vertreter des österreichischen Volkes nicht der Partei, sondern meinem Wähler verpflichtet bin. „Ohne Partei bin ich nichts", lautet ein geflügelter Spruch innerhalb der österreichischen Innenpolitik, der auf viele Spitzenrepräsentanten zutreffend ist. Ein Schandstück, eigentlich eine Selbstaufgabe des Politikers, der ab dem ersten Tag seiner Legislaturperiode auf die nächste Wahl und das Lob seiner ihn entsendenden Parteiführung schielt, anstatt der berechtigten Kritik und den Wünschen der Bürger eine parlamentarische Bühne zu geben. „So ist halt das Geschäft", hörte ich schon sehr früh in den 1990ern von einem hochrangigen Politiker, der mir damit zu verstehen geben wollte, dass die Loyalität zur Parteiführung schwerer wiege als jene zum eigenen Volk und das Schmerzensgeld für die schwindelerregende Verbiegung des Rückgrates ausreichend sei. Politik ist Leidenschaft und Berufung, aber doch niemals ein Beruf – und schon gar kein Geschäft. Zumindest für jene Volksvertreter, die eine Berufung verspüren, über Leidenschaft verfügen und dem romantischen Traum nachhängen, tatsächlich etwas für die Mitmenschen verbessern zu wollen.

Einer der Hauptgründe, warum sich dieses System schon so lange halten kann, ist sicherlich der Umstand, dass Parteien dazu neigen, die Dümmsten und Abhängigsten für ihre Mandate auszusuchen. Denn sie sind wie Wachs in den Händen der Parteispitze und ihrer Strategen. Sie sind willfährig, vom Titel des politischen Amtes aus narzisstischen Gründen, vom Gehalt des Mandates aus ökonomischen Gründen abhängig, daher eine personalpolitisch leicht manövrierbare Masse. Sie sehen, auch die Demokratie folgt nicht den Grundzügen der Freiheit, sondern jenen des Autoritären. In Deutschland ist es übrigens nicht viel anders. Hier teilt sich das Establishment zwischen den Blöcken CDU/CSU und SPD auf. Auch wenn beide Parteien schwächeln, ihr Einfluss im Wege der um sie regelrecht emporgezüchteten Kreise bleibt aufrecht. Nicht verwunderlich ist auch das abschätzige Verhalten der Politiker gegenüber dem Volk. Zurückkommend auf die Corona-Krise wurde dies sichtbar. Sowohl in Deutschland als auch in Österreich sank die Bereitschaft der Bevölkerung, die Maßnahmen der Regierung mitzutragen, diese zu unterstützen bzw. zu goutieren. Geändert hat es nichts: Die Regierungen beharrten auf ihrem „alternativlosen" Meisterstück, das zu Massenarbeitslosigkeit, Betriebspleiten und – folgerichtig – einer Inflation führte. Zu regieren heißt in den Augen einiger offenbar, mit Vorsatz das Gegenteil dessen zu tun, was sich die Bevölkerung erwartet. Und nicht zuletzt deswegen ist es eine Sisyphos-Aufgabe, Österreich oder Deutschland in Richtung einer direkten Demokratie nach dem Modell der Schweiz zu entwickeln. Man sei noch nicht so weit, die direkte Demokratie könne man den Menschen nicht zumuten, die Fragen der alltäglichen Politik seien zu komplex – so lauten die abwiegelnden Standardsätze, die man übrigens aus allen Lagern zu hören bekommt, wenn man relevante Themen dem Urteil des Volkes unterziehen will. Was hier nicht gerade unterschwellig mitschwingt, ist der Vorwurf, die Bevölkerung sei zu dumm, für sich die richtige und vernünftige Entscheidung zu treffen. Man müsse für das Volk denken, der breiten Masse fehle eben das Hirn.

Dieser Überheblichkeit bin ich 25 Jahre meines politischen Lebens lang begegnet, unverhohlen wurde sie zum Ausdruck gebracht, um eben Bestrebungen der direkten Demokratie, also der ureigenen politischen Freiheit der Bevölkerung, zum Durchbruch abzuhalten. Das Schlagwort „direkte Demokratie" eignet sich in Deutschland und Österreich nur dazu, um es den Überschriften von Parteiprogrammen anzuheften, an deren Umsetzung niemand auch nur im Ansatz denkt. Aber es klingt wenigstens gut, und von Zeit zu Zeit kann man kritische Bürger dazu bewegen, das berühmte „Stück des Weges“ miteinander zu gehen. Einmal mehr verkommt der Bürger zum nützlichen Idioten, dem man wenige Wochen vor den Wahlen das Demokratische vom Himmel verspricht, um die gesamte darauffolgende Legislaturperiode hinter dem Schutzschild der parlamentarischen Demokratie auch ganz ungeniert Politik gegen das Volk zu betreiben. Dabei wäre der Bürger in vielen Bereichen der Denkweise seiner Volksvertreter um Jahre voraus. Aber diese Freiheit will man der Bevölkerung nicht zusprechen. Diese Bevormundung zieht sich durch alle Bereiche. Man gesteht ja selbst im 21. Jahrhundert dem sogenannten freien Menschen nicht zu, in seinen ureigenen Lebensentscheidungen frei zu sein. König Friedrich II. von Preußen, genannt „der Große“ sagte: „Jeder soll nach seiner Façon selig werden.“ Wenn selbst die Herrscher des 18. Jahrhunderts aufgeklärter und offener waren als manch rückwärtsgewandte Regimenter der Gegenwart, dann braucht man über den Zustand unserer derzeitigen Gesellschaft kaum mehr Worte verlieren. Wir leben im 21. Jahrhundert und haben ein Ehe- und Familienrecht, das in seinen Grundzügen noch aus der Zeit Kaiserin Maria Theresias stammt. Überhaupt gewinnt man den Eindruck, das Rad der Entwicklung drehe sich zurück, wenn man sich die Bestrebungen mancher politischen Gruppierungen vergegenwärtigt, den Menschen den Pkw oder das Einfamilienhaus verbieten zu wollen. Es passt aber wunderbar in das Bild und das vorangetriebene Konzept, wonach ein Bevormundungsstaat die ohnedies sehr schwach ausgeprägten demokratischen Elemente ersetzen soll. Die Bevormundungs- und Verbotspolitik ist allgegenwärtig. Dass gerade die Grünen, also die mittlerweile ins Greisenalter verfrachteten Kinder der ’68er-Bewegung, sich an die Spitze dieser Bewegung stellen, ist aber wenig verwunderlich, zumal die Freiheit, die die ’68er meinten, ja auch nur relativ – also in ihrem Sinne, zur Durchsetzung ihrer Ziele – gemeint war.

Die Freiheit für alle ist eben kein Konzept der Linken, war es nie, ist es nicht, wird es nie sein. Es ist auch kein Konzept der Sozialisten, weder des internationalen noch des nationalen

Teils dieses Lagers. Freiheit ist ein Begriff der Liberalen, und deren Platz ist, wie wir seit Marion Gräfin Dönhoff wissen, immer zwischen den Stühlen. Zugegeben, die Liberalen haben in Österreich keine Geschichte und sind in Deutschland auf maximal 10 % des Wählervotums plafoniert. Was auch daran liegt, dass sich die in diesen beiden Ländern agierenden Liberalen auf Orchideenthemen beschränken, anstatt den Kampf um die große Freiheit des Bürgers in Angriff zu nehmen. In Österreich ist das einzige Vermächtnis solcher Proponenten, die das Wort liberal in den Mund nahmen, die Kruzifixdebatte. Auch kein Ruhmesblatt, denn man gewinnt eher den Eindruck, ausgerechnet die vorgeblich Liberalen wollten den Menschen ihre Identität rauben. Und in Deutschland wurde der freisinnige Geist über die letzten 20 Jahre hinweg dann doch eher von Persönlichkeiten vertreten, die im Wort „liberal" etwas zeitgeistig Schickes sahen, um in gewissen Gesellschaftsschichten mitspielen zu können, anstatt sich mit dem philosophischen Geist des Liberalen auseinanderzusetzen und glaubwürdig dafür einzutreten. Dabei wird eine solche Bewegung angesichts der aufkeimenden Unfreiheit notwendiger denn je. Und zwar eine Bewegung selbstloser, kritischer Geister, die sich gegen die Einschränkung der Freiheit zur Wehr setzen, eine Entpolitisierung der Institutionen einleiten und sich somit für eine wahrhaftige Freiheit der Menschen in allen Bereichen einsetzen. Immanuel Kant sagte einst: „Die Freiheit des Einzelnen endet dort, wo die Freiheit des Anderen beginnt." Dies sollte der Leitsatz solcher Bestrebungen sein.

Die Freiheit des Genius

Kunst und Kultur sind Ausdruck des höchsten Genius des schöpferischen Menschen. Kunst und Kultur geben den Menschen Identität, lassen erfahren, lassen nach- und vordenken, lassen zweifeln, verzweifeln und geben Freude. Sie gehören zu den sinnstiftenden Elementen unseres Daseins. Die Kunst und Kultur europäischer Länder haben ihre Größe und Schönheit aus der Freiheit der regionalen Vielfalt und nicht durch zentralistische Einheit gewonnen. Gesamtheitlich verstandene, über die Epochen hinweg gewachsene Kunst und Kultur sind gelebte Freiheit, sollten es zumindest sein. Alle Formen der Kunst und Kultur verdienen daher Respekt und größtmögliche Freiheit auch gegenüber dem Staat, gehören geschützt vor vereinnahmenden Einflüssen.

„Der Zeit ihre Kunst, der Kunst ihre Freiheit", dieser Spruch von Ludwig Hevesi ist auf dem Hauptportal der Wiener Secession verewigt und gültiger denn je. Ich habe daher nie verstanden, dass sich Kunst- und Kulturschaffende – wenngleich auch aus verständlichen ökonomischen Gründen – in den Nahbereich der über die rettenden Finanzmittel entscheidenden Verantwortungsträger begeben und dort gleichsam einer Art von Stockholmsyndrom anheimfallen. Der freie Künstler dient sich der herrschenden Klasse an, die ihn beeinflussen will. Daraus entsteht ein Abhängigkeitsverhältnis, das den schöpferischen Geist einschränkt. Künstler und Kulturschaffende verkommen so zum hübschen Beiwerk für Politiker und Unternehmer, die sich nur allzu gern mit dem Künstler selbst und seinem Werk schmücken. Große Genies aller Zeiten hatten immer eines gemein: Sie standen zwar im mageren Sold der Mäzene, aber im Widerspruch zur herrschenden Klasse. Wie würde die Sixtina heute aussehen, wenn sich der Auftraggeber, Papst Julius II., und nicht das Genie Michelangelo durchgesetzt hätte?

Der Kunst- und Kulturbereich wurde politisch vereinnahmt. Aus dieser Enge entsteht nichts Großes, nichts Dauerhaftes, die Zeiten Überstehendes. Ganz im Gegenteil, Kunst- und Kulturschaffende werden immer mehr zu Propagandavervielfältigern der jeweils Einflussreichsten. Und jene, die ihrer Berufung getreu in Wort und Bild den Finger in die Wunde legen, gelten selbst in ihren eigenen Kreisen als Unberührbare. Werden von der Politik verschmäht, von den ausführenden Organen der politischen Agenda, den Medien, als Unberührbare behandelt. Die Aufgabe der Kunst und Kultur ist es nicht nur, die Schönheit all unseres Daseins darzustellen, sondern auch die Kritik am herrschenden System, an der Gleichgültigkeit einer Gesellschaft, der Mutlosigkeit des Individuums schonungslos abzubilden. Eine freie Kunst- und Kulturszene zeichnet sich eben dadurch aus, nicht abhängig zu sein, sich nicht durch bequeme

Nähe abhängig zu machen. Denn jeder Dienst, der einem erbracht wird, erfordert bekanntlich eine Gegenleistung, und das finanziell schützende Nest wird nur allzu rasch zu einem Gefängnis. Nur die Zeit und nicht ein Kulturminister samt seiner Beamten entscheidet, was förder- und erhaltenswert ist.

Auch das die Jahrhunderte überdauernde Brauchtum, die Volkskultur, ist nicht nur wesentlicher Bestandteil unserer Geschichte, sondern auch unseres schöpferischen, selbsterklärenden Ausdruckes. Die ständige, ideologisch verblendete Brandmarkung der Volkskultur als etwas Reaktionäres, Rückwärtsgewandtes, Nationalistisches zielt auf unsere Identität und somit auf unsere Freiheit ab. Sie schmäht den schöpferischen Geist einer Bevölkerung, ihr kulturelles Erbe, und erhebt sich auf dem – wohlgemerkt nicht vorhandenen – Fundament einer eingebildeten Intellektualität über die gewachsene Tradition. Volks- und Hochkultur sind kein Widerspruch, sie sind ein und derselbe Ausdruck unterschiedlich und vielfältig begabter Menschen. Die Politik trägt für all diese künstlerischen Leistungen die gleiche Verantwortung, ohne in die Unabhängigkeit der Kunst- und Kulturschaffenden einzugreifen. Und die politischen Parteien haben jede ideologisch vereinnahmende Nähe tunlichst zu vermeiden. Gerade in diesen Zeiten der Wirtschafts- und Migrationskrisen ist die Auseinandersetzung der Kunst- und Kulturschaffenden mit der Gegenwart besonders polarisierend. Dass Künstler, auffällig oft Künstlerinnen wie die Schauspielerinnen Nina Proll und Lisa Fitz oder die Kabarettistin Monika Gruber, aufgrund ihrer sarkastischen Betrachtung der Zeit einer versuchten Ächtung durch den Zeitgeist ausgesetzt sind, zeigt, dass der ideologische Einfluss auf eine freie Kunst- und Kulturszene, in diesem Fall das Kabarett, eben schädlich und schändlich ist. Kunst und Kultur erfordern Mut, Unabhängigkeit, Distanz zum Establishment – und nicht die Vereinigung mit selbigem!

Corona-Sommer 2020 – und die Folgen

18. JUNI 2020

Eine leidenschaftlich geführte Debatte entbrennt im kleinen Österreich darüber, ob nun „Corona" oder die Auslegung des Koran eine gefährlichere Auswirkung auf unsere Gesellschaft, also auf unser tägliches Überleben hat. Fest steht jedenfalls, dass beides, ersteres mit grün-stacheligen Rezeptoren aus dem Fledermauslabor Wuhans und letzteres grün ummantelt mit teils aggressivem Inhalt aus dem Jahr 632 n. Chr. keinen unbedingt positiven, also humanen Zugang zur physischen wie psychischen Unversehrtheit der Menschheit aufweist. Der nun vielkritisierte Angstbefund des österreichischen Nationalratspräsidenten Hofer, der Koran sei mehr zu fürchten als „Corona", ist durchaus legitim, zumal das berühmt-berüchtigte Wuhan-Virus weder homophob noch frauenfeindlich noch antidemokratisch ist und schon gar nicht in seiner weiteren Verbreitung terroristische Auswüchse zeigt, abgesehen von den Verfassungsbrüchen der Regierungen. Übrigens sind auch die rein äußerlichen Auswirkungen des einen mit jenen des anderen mehr oder weniger ident. Die einen verhüllen sich aus Angst vor dem Husten in Türkis, die anderen vor dem eigenen Mann in Rabenschwarz. „Corona" unterwirft sich auch dem Säkularen, vor dem Virus sind eben alle Menschen gleich, das Schicksal wird sehr objektiv vom Immunstatus und weniger durch religiösen Wahn bestimmt.

Aber nun zu des Pudels Kern: Der Koran ist ja unbestritten die – sagen wir einmal – literarische und zugleich historische Vor- und Grundlage für islamisches Recht, also die Scharia. Hunderte Millionen Menschen sind dieser aus dem 7. Jahrhundert bis heute herauf importierten Rechtsansicht bereits zum Opfer gefallen; demgegenüber seit Pandemieausbruch knapp 500.000 weltweit, mit oder ohne „Corona", über den Jordan gegangen. Jährlich kommen im Fall der Scharia Tausende dazu. Geköpft, gesteinigt und begraben, und da wage ich ja nicht einmal den Vergleich dieser historischen Papiersammlung mit ihrer äußerst inhumanen Auslegung, die uns durch brüderliche Heilsarmeen unter dem Halbmond – al-Qaida, „Islamischer Staat" und Co. – besser bekannt wurde. Anders verhält es sich übrigens in der Politik. Da erregt „Corona" tatsächlich mehr Angst und Panik als jede feuchtfröhliche Lkw-Fahrt auf dem Breitscheidplatz oder auf der Promenade in Nizza. Und wenn man dem missionarischen Handelsvertreter dieser Lehren, Herrn Osama bin Laden, erklärt hätte, dass eine panische Grippe den wirtschaftlichen und gesellschaftlichen Weltuntergang auslösen wird, hätte er wahrscheinlich doch wohl eher ein Labor gestiftet als drei Flugzeuge gechartert. Interessant ist auch im Hinblick auf die jüngere Geschichte die Verehrung des Herrn Schicklgruber seines Zeichens Autor des holprigen Werkes „Mein Kampf", für ebendiesen Koran und die darauf fußende Religion. Daher würde auch zur Beweisführung der Angst des Herrn Hofer eine kleine Frage an unsere jüdischen Mitbürger empfohlen sein, wovor sich unsere Freunde denn mehr fürchten. Das Geheul ist groß, die Justiz wird bemüht, und ebenso bemüht werden Glückwunschkarten der grünen Pazifisten in Form von Morddrohungen verschickt. Quod erat demonstrandum: zu beweisen wäre der Friede des Propheten gewesen. Übrigens, die schiere Angst stellt noch keine Verhetzung dar. In diesem Sinne: Lasst doch die Moschee im Dorf!

21. JUNI 2020

Stuttgart erlebt also den Glanz von Kabul, die 1001 Nacht der Gewalt, der Plünderung und der Ausschreitungen. Sie wundern sich? Warum? Wer in Europa Politiker wählt, die Kabuler Verhältnisse ermöglichen, ja regelrecht fördern, darf sich eben nicht wundern, wenn er sich in Stuttgart zur gestörten Nachtruhe legt und in Grosny, Kabul oder Bagdad wieder aufwacht. Wer Parteien, Ideologien und Abkömmlinge von Zivilisationen auf dem Niveau der Neandertaler unterstützt, für die Recht und Ordnung, Sicherheit und Eigentum zu bekämpfende, ja gleichsam reaktionäre, verabscheuungswürdige Werte sind, darf sich eben nicht wundern, wenn die amtsbekannt Friedliebenden, also der etwas radikale Arm der linken politischen Pazifisten, eine deutsche Großstadt in Schutt und Asche legen und ihre Art des Zusammenlebens, also die primitive Anarchie, wiederherstellen. Wer es zulässt, dass anständige Gesetzeshüter weltweit in Bausch und Bogen als Rassisten gebrandmarkt werden, nur weil sie Kriminelle verfolgen, darf sich eben nicht wundern, wenn normale Amtshandlungen zur Herstellung unserer demokratischen Gesetzmäßigkeit von den sogenannten Antifaschisten auf ihrem Weg zur Anarchie nun als „rassistische Übergriffe" bekämpft werden. Wer unsere Exekutive, ja die Hüter unseres Rechtssystems Zigtausenden Vertretern des Mobs, der postumen Heiligsprechungsliga von Kapitalverbrechern, zum Fraß vorwirft, darf sich eben nicht wundern, wenn Molotowcocktails, Prügel und Messer zum neuen architektonischen Kulturgut unserer Städte verkommen.

So stellen sich unsere gutmenschlichen Mitschwestern und -brüder eben das Paradies des Multikulturalismus auf Erden vor. Kabul, Bagdad, Grosny, fahren sie nicht hin, es ist längst hier. Plünderungen setzten ein, die kriminellen Aktivisten nutzten die Gunst der Stunde, um im Schatten ihrer ideologischen Brüder und Schwestern, der Antifanten aus den USA, zu rauben und zu verletzen, sich über demokratisches Recht und gesetzmäßige Ordnung hinwegzusetzen. Wie einst in Hamburg setze sich der Mob in Bewegung, orchestriert von den geistigen Brandstiftern im linken Hintergrund und eifrig unterstützt von den Goldjungen, die uns auf unseren Straßen den unverwechselbaren Zauber des Nahen Ostens bescheren. Vorgeblich vor Gewalt und Anarchie Schutzsuchende, die unter dem Deckmantel des sogenannten Antirassismus ihrerseits Gewalt und Terror säen, ihre Art des Faschismus – „Und bist du nicht willig, so brauch ich Gewalt" – stiften. Beschützt von den „aufrechten Demokraten", denen zur Durchsetzung ihrer Ziele jedes, ja wirklich jedes Mittel recht ist. Ausgerechnet jene, denen man verbal kein Härchen krümmen darf, schlagen unserer Polizei die Schädel ein. Im Schoß von Hartz IV und Grundsicherung entwickeln sie sich prächtig, die Kulturbereicherer und ihre asozialen Freunde der stalinistischen Friedensbewegung.

Deutschland, im Herzen Europas, ein Land der Leninstatuen und der Gewalt, ein Land, das an der hochgelobten Liberalität noch ersticken wird.

23. JUNI 2020

Ausgerechnet das moralisch integre Europa – Achtung, Ironie! – schwingt sich dieser Wochen in Gestalt seiner politischen Beobachter wieder auf, den USA den nächsten Präsidenten diktieren zu wollen. Es ist Wahljahr in den Staaten, und wie bereits vor vier Jahren wetten und wettern die Vertreter des altkontinentalen Establishments gegen Donald Trump. „Wie kann man nur?“, richten die Europäer ihren zweiten verzweifelten Appell binnen weniger Jahre an das amerikanische Wahlvolk. Der erste Aufruf der aufrechten Demokraten in Berlin, Paris und Brüssel führte ja bekanntermaßen dazu, dass Hillary Clinton ihr Waterloo erlebte und der nunmehrige Amtsinhaber entgegen aller Prognosen und medialen Sehnsüchte der politisch korrekten Öffentlich-Rechtlichen als einsamer Sieger über die Ziellinie ging. Und seither toben die Vertreter der Anti-Trump-Allianz, betrommeln jeden Tag die Erfolglosigkeit des amerikanischen Präsidenten und sehen angesichts eines neuerlichen Wahlerfolges die Felle ihrer ohnedies nur mehr rudimentären Glaubwürdigkeit davonschwimmen. Warum einen Fehler daher nicht ein zweites Mal begehen, denken sich wohl die heimischen Staats- und Regierungschefs im Verbund mit den Leitmedien Europas und geißeln sowohl Trump als auch dessen Wählerschaft. Das Corona-Management wird aus der Ferne beurteilt, der Tod eines afroamerikanischen Kleinkriminellen wird genutzt, um die seit Jahrhunderten bestehende Rassismusdebatte in den USA dem amtierenden Präsidenten in die Schuhe zu schieben. Und so wird der POTUS großflächig abgeschrieben, zumindest medial in Grund und Boden versenkt, und sein brustschwacher Herausforderer Joe Biden glorifiziert. Wenn da die alte Tante Europa nicht wieder auf das falsche Pferd setzt und die ohnedies brüchigen Verbindungsfäden zwischen der Washingtoner Administration und den hiesigen Hauptstädten endgültig zerstört. Für die Parteinahme zugunsten Clintons und die Einmischung in die innenpolitischen

Vorgänge der Vereinigten Staaten, übrigens im Falle Russlands heftig kritisiert, zahlte Europa bisher einen sehr hohen Preis. Die NATO ist in Wahrheit Geschichte, die USA und die EU blockieren sich gegenseitig mit einem nach wie vor schwelenden Handelsstreit zulasten europäischer Betriebe und Arbeitnehmer. Die Zeche für die vorgebliche politische Korrektheit von Merkel, Steinmeier und Macron zahlen Europas Arbeitgeber und Arbeitnehmer – und in weiterer Folge wir alle.

3. JULI 2020

Der Blick auf Wiens Straßen, auf die Banlieues Frankreichs und die deutschen Großstädte wie Stuttgart steht exemplarisch für einen nur mehr schwer erträglichen Dauerzustand innerhalb europäischer Siedlungsgebiete, beweisen diese Beispiele doch das endgültige Scheitern einer jahrzehntelang betriebenen, ja grenzenlosen und zuweilen chaotischen Zuwanderungspolitik. Einer Integrationspolitik, die aus einer abstrakten Toleranz heraus keinerlei Werte vorschrieb und sich ausschließlich im verordneten Erlernen einer Sprache erschöpfte. Und daher ist es nicht verwunderlich, dass die nun als „ungebetene Gäste" erkannten Neuankömmlinge, größtenteils gelernte Krawallbrüder und -schwestern, eben als Antwort auf unsere „noble Zurückhaltung" die Werte, die Traditionen, die Erfahrungen und damit auch die blutigen Konflikte ihrer Herkunftsländer mitimportiert haben. Der nunmehrige Reflex auf die Tatsache der politischen wie religiösen Radikalisierung dieser Gruppierungen greift sprichwörtlich zu kurz. Denn nicht nur die gewaltbereiten und faschistoid sozialisierten Anhänger Erdoğans, Öcalans, Kadyrows oder gar des „Islamischen Staates", denen wir mit unserer Politik des Laissez-faire jahrelang den roten Teppich ausgerollt haben, tragen die Schuld an den gewalttätigen Unruhen, sondern auch wir, die keinerlei Regeln aufstellten, keinerlei Grenzen normierten, keinerlei Konsequenzen zogen. Daher ist es an der Zeit, eine klare Botschaft zu formulieren und diese auch in konkrete rechtsstaatliche Akte fließen zu lassen:

„Aufbauend auf unserer Kultur und der Erfahrung aus unserer Geschichte wollen wir, die unterschiedlichen Völker

Europas, in Frieden, Freiheit, größtmöglicher Offenheit und Demokratie weiterhin leben. Wer sich an unsere Gesetze nicht hält, unsere Traditionen nicht respektiert und unsere Werte nicht lebt, unsere gesellschaftlichen Normen dauerhaft nicht achtet, unsere Sprache nicht lernt, sich am Gemeinwohl nicht beteiligt, hat bei uns nichts verloren, er ist nicht willkommen, er fliegt! Wir dulden die Austragung gewalttätiger Konflikte anderer Länder auf unserem Grund und Boden ebenso wenig wie religiös motivierte Aggression innerhalb der Gesellschaft oder unserer Familienverbände! Wessen geistige und ideelle Verbindungsfäden zu AKP, PKK, IS und Co. Stärker sind als jene zum derzeitigen europäischen Aufenthaltsort, der wird dorthin zurückgeführt, wo er seine gewalttätige Sehnsucht ausleben kann. Es ist unser Kontinent und es sind unsere Regeln, die es zu beachten gilt." So einfach geht's!

2. JULI 2020

Die zweite Welle kommt, die zweite Welle kommt! Es wäre wieder an der Zeit für eine wenig Angst und Panik, ein wenig Bevormundung und Autokratie, ein wenig Grenz- und Betriebsschließung. Die hörige Menschheit braucht doch den Notstand, das tägliche Quentchen Dünnschiss nach dem Aufstehen, und die Regierungsfreunde in der Maskenindustrie brauchen die Millionen Euro. Denn das Geschäft mit der Angst muss weitergehen, die Schutzgeldindustrie zur Verhütung des frühen Todes der multimorbiden 90-Jährigen muss nach den letzten, wenigen Wochen des Umsatzeinbruches wieder aufblühen. Ja, wenn's „Corona" nicht gäbe, wäre wahrscheinlich nach Lesart der Regierung die Hebamme am prägeriatrischen Jordansprung schuld gewesen. Und die willfährigen Handlanger in den Medien stehen ja auch schon in den Startlöchern, und erst die Experten! Was „Corona" im März nicht zustande gebracht hat, die Hunderttausende verheißener Toter der Frau Merkel und des Herrn Kurz, wird halt nun wieder herbeigeschrieben, ja fast sehnsüchtig erwartet. 100 Corona-Infizierte hier, 60 da, 70 dort. Im Verhältnis zur Bevölkerungsanzahl muss man sie mit der Lupe suchen, aber Grund genug, dass die eindringlichen Warnungen und Mahnungen wieder stakkatoartig abge-

Gerald Grosz und Herbert Haupt mit dem St. Pöltener Bischof Kurt Krenn (†).

Väterlicher Freund und Mentor:
Gerald Grosz mit seinem Chef, Sozialminister Herbert Haupt.

„Es hat sich die Hölle des islamistischen Terrorismus offenbart": Gerald Grosz in Beslan, drei Monate nach dem verheerenden Terroranschlag.

Mohammad Chātami, Irans Reformer an der Staatsspitze – vom Westen im Stich gelassen.

Gerald Grosz mit dem steirischen Exportschlager Arnold Schwarzenegger.

Mit Eunice Kennedy-Shriver, Schwester von John F. Kennedy und Begründerin der Special Olympics.

Jörg Haiders Lebensweg für die Freiheit des Einzelnen inspiriert zeitlebens auch Gerald Grosz.

Drei BZÖ-Bundesparteichefs vereint:
Peter Westenthaler, Jörg Haider, Gerald Grosz.

© L'Osservatore Romano

Gerald Grosz mit Papst Benedikt XVI.

Mit Thilo Sarrazin im österreichischen Parlament.

Gerald Grosz mit Sloweniens Staatspräsident Borut Pahor und Nationalratspräsidentin Barbara Prammer (†).

© L'Osservatore Romano

Gerald Grosz mit Papst Franziskus.

Ground Zero in New York, Mahnmal des weltweiten islamistischen Terrors.

© Privat

Er nimmt kein Blatt vor den Mund, kritisiert auch die Mächtigen: Gerald Grosz mit Bundeskanzler Sebastian Kurz.

Das mittlerweile legendäre Politduell des deutschsprachigen Raumes: Grosz versus Bohrn Mena bei „Fellner! LIVE“.

© Privat

Fellner ist ein Medienmacher, der alle Meinungen zulässt: Grosz kommentiert für das Medienhaus „Österreich“ das aktuelle Geschehen.

Zwei, die es schonungslos und direkt auf den Punkt bringen: Gerald Grosz und Kabarettistin Monika Gruber.

setzt werden. Das Menschenleben muss gerettet werden, sagen ausgerechnet jene Regierungschefs, unter deren Ägide jährlich 40.000 bis 200.000 Kinder getötet werden. Abtreibung nennt sich das, auf Krankenkassenkosten. Aber die Wirtschaft machen wir kaputt, die Arbeitsplätze vernichten wir, die Freiheit rauben wir, die Grenzen schließen wir – sagen wir einmal, für ein paar Hundert Tote. Und so wird mit dem altbekannten Lockdown gedroht.

Denn immerhin sind wir ja erst bei 10,1 % Arbeitslosenquote in Österreich, in Deutschland bei 6,2 %. 2,8 Millionen ohne Job in Deutschland, 6,8 Millionen in Kurzarbeit. Und in Österreich gleich 1,7 Millionen Menschen, die nun in prekären Verhältnissen leben müssen. Da geht schon noch was! Da könnten wir noch ein paar arme Menschen in Hartz IV schicken, ein paar Betriebe mehr in der Insolvenz verhungern lassen. Ja, noch ein Lockdown, noch ein paar geschlossene Grenzen, in die Pleite gejagte Betriebe. Aber zwischenzeitlich ist der Handel ohnedies tot, der Amazon-Chef der reichste Mensch der Welt und unsere Politiker demnächst auf seiner Gehaltsliste. Hüten wir uns vor jenen, die unsere Leben retten wollen.

9. JULI 2020

Herr Kurz, Herr Kogler!
„Es wird jeder wen kennen, der an Corona erkrankt ist", lautete Ihre hysterische Drohung aus der politischen Unterwelt. Zeit, über ihre orakelhaften Prophezeiungen eine kleine Zwischenbilanz zu ziehen, oder Sie ziehen sich auf den alten Adenauer-Schlager „Was interessiert mich mein Geschwätz von gestern" zurück. Nachdem in Ihrer Bundesregierung die spätpubertäre Demenz amtlich bestätigt um sich greift – siehe die partielle geistige Mondfinsternis Ihres Finanzministers im Parlament –, ist es an der Zeit, Sie an Ihre eigenen Worte zu erinnern.

Herr Kurz, Herr Kogler!
Es kennt jeder wen, der aufgrund Ihrer Maßnahmen seinen Arbeitsplatz verloren hat.

Es kennt jeder wen, der aufgrund Ihrer Maßnahmen seinen Betrieb verloren hat.

Es kennt jeder wen, der aufgrund Ihrer Maßnahmen in der Kurzarbeit schmort.

Es kennt jeder wen, der aufgrund Ihrer Maßnahmen seine psychische Gesundheit verloren hat.

Es kennen viele wen, die sich aufgrund Ihrer Maßnahmen das Leben genommen hat.

Es kennt jeder wen, der aufgrund Ihrer Maßnahmen in den Spitälern nicht behandelt wurde.

Es kennt jeder wen, der keinerlei Unterstützungsmaßnahmen aus ihren tausend Hilfsfonds bekommen hat.

Es kennt jeder wen, der vor der Wirtschaftskammer einen Datenstriptease, einen Offenbarungseid leisten musste.

Es kennt jeder wen, der auf Basis Ihrer gesetzwidrigen Verordnungen Strafen zahlen musste.

Es kennt jeder wen, der Sie, liebe Herren Kurz und Kogler, nicht mehr wählen wird.

„Koste es, was es wolle", war der zweite Satz, ähnlich historisch und falsch wie das „Wir schaffen das" Ihrer Gesinnungsfreundin Merkel, und nun stehen mehr als eine Million Menschen vor den Trümmern ihrer Existenz. Und sofern Sie daran denken, mit zuckendem Finger am Abzug einen zweiten Lockdown zu verordnen, eine abschließende Erkenntnis: Es kennt jeder wen, der Sie bald aus dem Amt wählt.

10. JULI 2020

Symbolhaft war doch der gestrige Kreislaufkollaps eines Soldaten vor laufenden Kameras während der Pressekonferenz zur Zukunft unserer Miliz für den Gesamtzustand der österreichischen Landesverteidigung. Eines Bundesheeres, das das Scheinwerferlicht und die Solidarität der machtvollen Verantwortungsträger nur dann genießt, wenn ebenjene Minister, Landeshauptleute oder Abgeordneten im Rahmen von feierlichen Angelobungen und mit stolzgeschwellter Brust wackelig die Front der Ehrenformation abschreiten dürfen und im Gegenzug ihren geheuchelten Rütlischwur halten, ihr müdes Interesse an einer gesamtheitlichen Landesverteidigung in schwach patriotischen Reden an den Wehrkörper zum Ausdruck bringen. Und symbolhaft auch die derzeitige Verteidigungsministerin Tanner, politisch im Innenministerium Strassers sozialisiert, weit weg vom Bundesheer, aufgewachsen im niederösterreichischen Bauernbund, die Unkenntnis vom Militär rein durch Lautstärke und aggressiv verzogene Gesichtszüge gleich einem rostigen Pandur-Panzer kompensierend und von einem schlamm- und ideengefüllten Fettnapf in den nächsten tölpelnd. Die anfängliche Sorge der Generalität, Tanner könnte das Bundesheer auf mit dem Bauernbund gebrandete Mistgabeln umrüsten, hat sich ja gottlob nicht bewahrheitet. Spaß mit ernstem Hintergrund beiseite: Während diese Frau Tanner an ihrem Amtssitz in der Rossauer Kaserne schwimmt, reibt sich das Finanzressort, das die Landesverteidigung schon immer im Gatsch stehen ließ, die Hände. Das Bundesheer wird für Österreichs Politik in Wahrheit ja nur dann interessant, wenn große und gleichzeitig in ihrer euroschweren Dimension anrüchige Beschaffungsvorgänge ein wenig Brosamen für parteinahe Lobbyisten abwerfen oder eine Katastrophe ins Haus steht, für die dann unsere Soldaten gut genug erscheinen. Wenn unser Wehrkörper – historisch gesehen – seit 1945 in manchen Kreisen ideologisch verpönt war, sollten uns doch zumindest die letzten 20 Jahre zu denken geben: 9/11, das Erstarken des Terrorismus aus dem Arabischen Frühling heraus, das Flüchtlingschaos 2015, Cyberkriminalität und viele andere Gefahren für unseren Staat und unsere Demokratie rechtfertigen die geistige und militärische Landesverteidigung und brandmarken zugleich jene kurzsichtigen Versuche, unser Bundesheer abzuschaffen oder in einen reinen Katastrophendienst umzubauen. Der große Machiavelli sagte einst: „Es ist nicht weise, das zu verteidigen, was man ohnehin aufgeben muss." Im Umkehrschluss heißt das: Wer seine Heimat erhalten will, muss sie auch verteidigen.

12. JULI 2020

„Wer anderen eine Grube gräbt, fällt selbst hinein", lautet das Sprichwort, das sich unentwegt wiederholt. Jüngst vielleicht herauszulesen aus der schicksalhaften Begegnung der stellvertretenden Kölner Oberbürgermeisterin Elfi Scho-Antwerpes, ihres Zeichens eingefleischte Sozialistin, mit einem … sagen wir einmal … übereifrigen Mitglied von Angela Merkels neudeutscher Partyszene, vormals auch unter dem Begriff der „Wir–schaffen-das"-Karawane besser bekannt geworden. Ein schmählicher sexueller Übergriff wurde vermeldet, und das Entsetzen ist groß, ebenso die Solidarität mit der Prominenten. Diesmal ist es nicht das namenlose und damit negier- und verschweigbare Opfer, die unbekannte Frau aus dem Kreis der Tausende anonymer deutscher Bürgerinnen, die in den letzten Jahren Opfer der Armlänge-Abstand-Politik von SPD, Grünen und CDU geworden sind, sondern ausgerechnet eine Politikerin, deren Gesinnung und täglich gelebte romantische Multikulti-Politik ihrer Partei diese Zustände auf deutschen Straßen erst herbeigeführt haben. Ausgerechnet die Stellvertreterin der Erfinderin des neuen deutschen Toleranzmaßes „Armlänge" hat nun am eigenen Leib zu spüren bekommen, wohin die gesetzlose Reise im anarchischen Irrenhaus Deutschland führt. Ja, nun ist es einer der Ihren passiert: einer von jenen, die nach offenen Grenzen rufen und bei Übergriffen, Gewalt und Tod nur allzu gern Toleranz für den Täter walten lassen. „Der Mann hat sich nicht einmal entschuldigt", führt das Opfer überrascht ins Treffen.

Frau Elfi Scho-Antwerpes! Die meisten „Schützlinge" Ihrer Politik entschuldigen sich nicht für den Bahnsteigwurf, die Vergewaltigung, den Raub, die Messerstecherei, den Mord. Aber nun erkennen Sie selbst, Frau Oberbürgermeisterin-Stellvertreterin, das geht sich nicht ganz aus, die alte sozialistisch-feministische Tradition des Kampfes für Frauenrechte, des Schutzes der Frauen vor männlichen Übergriffen, des Pazifismus und der in diesen linken Kreisen gepflogenen Ideologie der offenen Grenzen, der Etablierung frauenverachtender Religionen, der Hereinnahme gewaltsozialisierter Neuankömmlinge. Gell, das wäre ja die Quadratur des Kreises, und selbst Sozialisten sind dazu nicht in der Lage. „Wer anderen eine Grube gräbt …"

Liebe SPD, vielleicht korrigiert ihr endlich eure Politik. Wie ihr seht, wäre es auch in eurem höchstpersönlichen Interesse!

Selbstverständlich ist die Ideologie des Multikulturalismus, also der zwanghaften Vermischung unterschiedlicher Ethnien und Völker unter einem Dach, gescheitert, und zwar nicht nur mit Blick auf die gegenwärtig noch vergleichsweise harmlose Situation beispielsweise in Österreich als Ausfluss einer chaotischen Zuwanderungspolitik, sondern in großer Dimension eindeutig bewiesen durch die Ursachen der Kriege der letzten Jahrzehnte. Wir alle erinnern uns an den blutigen Zerfall Jugoslawiens, dieses sozialistischen Kunstproduktes eines autoritär verfügten Zusammenlebens unterschiedlicher Ethnien. Oder an die Sowjetunion, die als kommunistische Schreckensdiktatur verschiedenste Gruppen unterschiedlicher Herkunft und Kultur durch gezielte Umsiedlung vermischen wollte, wodurch dieses einstige Reich heute einem Fleckerlteppich gleicht. Und gerade wir in diesem Land Österreich sollten doch nur exakt 100 Jahre weit zurückblicken, um uns in Erinnerung zu rufen, dass die einzelne Nation am Ende über den Vielvölkerstaat siegt. Dabei handelte es sich damals um ein im Vergleich zur heutigen Situation noch homogenes Gemisch ähnlicher Sitten, Bräuche und – in überwältigender Mehrheit – der gleichen Religion.

Ein aktueller Blick auf fast alle Kontinente reicht, um zu wissen, dass der Multikulturalismus immer ein schreckliches Ende findet. Und dennoch ist es bemerkenswert, dass sich in politischen Parteien und gesellschaftlichen Strömungen trotz dieses Wissens noch immer Vertreter finden, die nach wie vor fast mit beharrlicher Aggression eine Politik des Multikulturalismus betreiben. Für diesen Irrweg, Ungleiches zu vereinheitlichen oder invasiven Gesellschaften den roten Teppich ausrollen zu wollen, zahlen wir in Österreich, Deutschland, Frankreich und im Rest Europas bereits jetzt einen sehr hohen Preis. In ihrem Wesen, in ihrer historischen Entwicklung, in ihrem zivilisatorischen Grad gänzlich konträr zueinander stehende Gesellschaften, aufgeladen mit ihren Religionen, Traditionen und Sitten, aufeinandertreffen zu lassen, führt unweigerlich zu Konflikten. Die Vorboten sehen wir in einzelnen Stadtvierteln unserer Metropolen, in denen junge Türken unverhohlen von „ihrem

Bezirk" sprechen, in denen tschetschenische Gruppen ganze Vororte übernommen haben. Diese Beispiele lassen sich endlos fortsetzen. Dass Österreichs Integrationsministerin Raab diese Ansicht teilen kann, ist kein Grund zur Freude, sondern eher ein Zeichen der Vernunft!

16. JULI 2020

Recep Erdoğan, einst nur weltliches und nun auch geistiges Oberhaupt aller anatolischen Viehhändler in Personalunion, also der neue türkische Ziegengroßmufti von Ankara, entschied in seiner enden wollenden Weisheit, die ehrwürdige Hagia Sophia, größter christlicher Kirchenbau des alten Byzanz und zugleich Weltkulturerbe, wieder in eine Moschee umzuwidmen. Im Bereich der gewaltsamen Kulturrevision ist er auf dem gleichen Pfad wie seine Freunde vom IS. Was zu beweisen gewesen wäre, stellt der gute alte Recep – denn auf seinen Geisteszustand ist immer Verlass – vor den Augen der Weltöffentlichkeit eben unter Beweis: Die Türkei ist auf dem besten Wege in die Steinzeit, alle säkularen und damit zivilisatorischen Errungenschaften des Staatsgründers Kemal Atatürk wurden binnen weniger Jahre vernichtet. Heute kann man mit Fug und Recht behaupten: Diese Türkei ist unter der Herrschaft des sprechenden Oberlippenschnauzers auf dem besten Wege, ein islamistischer Staat zu werden, eine sogenannte Scharia-Diktatur. Und daher stellt sich schon die ernsthafte Frage, warum wir als Europa nach wie vor mit einer solchen Horde AKP-Wahnsinniger EU-Beitrittsverhandlungen führen, warum Frau Merkel und Herr Macron diesem Despoten, der keinen Anstand und keine Grenzen kennt, Milliarden Euro an Steuergeldern in den Rachen werfen, warum wir in unseren Ländern die Ableger dieser aggressiv-invasiven Ideologie dulden, wo doch der Zuzug dieser Handlanger in unsere Breiten eher einer Eroberung gleicht. Warum wir überhaupt noch Beziehungen mit einem Land auf dem besten Wege in eine Diktatur pflegen, das sich gegen uns, gegen unsere Werte, unsere Demokratie, unsere Gesellschaft stellt, ja regelrecht kämpft. Und nein, dieser Erdoğan versteht die feine Gepflogenheit der Diplomatie nicht, die Depeschen nach Ankara, die eine weitere Zwangsislamisierung eines christlichen Weltkulturerbes wortreich verurteilen. Auf einen groben Klotz gehört eben ein grober Keil. Er und seine steuerbaren Heere würden es schon verstehen, wenn wir alle Moscheen der türkischen Gemeinden in Europa in christliche Kirchen oder Museen oder Wohlfahrtseinrichtungen für misshandelte Frauen umwidmeten. Denn selbst die Scharia baut auf das Rechtsprinzip Hammurabis: Aug um Aug, Zahn um Zahn. Aber solange Herr Erdoğan gewiss sein kann, dass am grünen Tisch der EU lauter feige Deppen sitzen, kann er weiter fuhrwerken, wie es ihm beliebt.

19. JULI 2020

Alle Geschäfte, Hotels, Gasthäuser sind offen, der größte Teil unserer Grenzen auch, Veranstaltungen im überschaubaren Rahmen finden statt. Österreich ist mehr oder weniger in den rechtlichen Rahmen vor dem Lockdown zurückgekehrt, der Alltag aber nicht zurückgekommen. Die Konjunktur springt nicht an, der Tourismus blüht nicht auf. Wir sind meilenweit von der sprichwörtlichen Leichtigkeit des Seins entfernt. Die Angst ist allgegenwärtig und trifft nach wie vor einen Großteil der Bevölkerung. Und aus dieser Angst vor „Corona" hat sich mittlerweile die Angst vor der Angst entwickelt, vergleichbar mit einer sich verselbstständigenden Angststörung. Weil uns diese überhöhte Gefahr nach wie vor eingeimpft wird, weil der politische und mediale Adrenalinspiegel täglich bedient werden muss. Die Leichenhäuser in der Lombardei geben seit Monaten keine geeigneten Bilder mehr her, und selbst von den schwächelnden Gesundheitssystemen in Großbritannien und Spanien ist nichts mehr zu lesen. Also werden nun aus den entferntesten Winkeln des Globus die Schreckensmeldungen mundfertig am Frühstückstisch serviert, sind die Nachrichten diesmal voll mit den Todeszahlen aus den USA und Südamerika. Eines gleich vorweg: In allen Ländern dieser Erde bewegt sich die Infiziertenanzahl, gemessen an der jeweiligen Bevölkerungszahl, im Promillebereich. Überall! Und hier in Österreich zählen wir 1200 Infizierte und genau acht Intensivpatienten bei einer Bevölkerung von 8,9 Millionen Menschen. Angesichts dieser Fakten ist es bemerkenswert, dass von einigen Propheten des Untergangs mit fast leidenschaftlicher Abartigkeit die Lockerungsmaßnahmen ständig infrage gestellt werden, Angst und Panik weiterhin geschürt werden. Dabei wäre es gerade im Hinblick auf die wirtschaftlich und gesellschaftlich desaströse Situation an der Zeit, die Corona-Pandemie endlich für beendet zu erklären. Nicht, weil das Virus erloschen wäre, nicht, weil es kein gesundheitliches Risiko darstellen würde, sondern einzig und allein aus dem Grund, dass wir mit „Corona" in Zukunft – wie mit Hunderttausenden anderer Viruserkrankungen auch – leben müssen. Weil selbst die Politik die Mär nicht mehr aufrechterhalten kann, es handele sich bei „Corona" um das dahinraffende Ebola. Weil wir nun wissen, dass die Verhinderungsmaßnahmen einen größeren Schaden angerichtet haben als das hochstilisierte Virus selbst. Es ist Zeit für Normalität!

21. JULI 2020

Die bunte Maskerade kann wieder beginnen! Österreichs Bundesregierung, nein, vielmehr das karnevaleske Quartett der Angst und Panik – Bundeskanzler Kurz, Innenminister Nehammer, Gesundheitsminister Angstschober und Vizekanzler Kogler – gedenken, die Maskenpflicht mitten im Sommer stückweise wieder einzuführen. Ungeachtet der von ihnen selbst negierten Tatsache, dass gerade einmal 1400 Corona-Infizierte in einem Land mit 8,9 Millionen Einwohner zu verzeichnen sind, gerade einmal 11 von 3000 Intensivbetten mit Erkrankten belegt sind, man daher mit der Lupe eine COVID-19-Virenschleuder suchen müsste. Es soll also die Maske, dieses aus Kunststoff fabrizierte Symbol des Schreckens, wieder aus dem Schrank geholt werden, den ohnedies verängstigen Menschen zwangsweise und flächendeckend verordnet. Die bisherigen Infektionsfälle lassen sich auf einige wenige, an einer Hand abzuzählende Cluster zurückverfolgen, die täglichen vernachlässigbaren Steigerungen reißen nicht einmal mehr die hysterischsten Experten vom Hocker. Hauptsächlich in einigen wenigen Freikirchen und Fleisch verarbeitenden Betrieben finden sich die „Sünder", lokal beschränkt auf wenige Bezirke in drei Bundesländern. Nichtsdestotrotz wird den Menschen der türkisfarbene Maulkorb in allen gesellschaftlichen Bereichen und im ganzen Land wieder aufgezwungen. Fernab jeglicher Realität und bar aller Risiken, übrigens aber zumindest der bisherigen Linie treu folgend, für die Augenmaß und Besonnenheit ein Widerspruch sind. Dass selbst die Meinungen in der Fachwelt über die Wirksamkeit dieser Masken weit auseinandergehen, wird verschwiegen, ebenso die Äußerungen der WHO, ja von Kurz und Angstschober selbst, die noch vor wenigen Monaten in großflächigen Interviews den Nutzen der Masken infrage gestellt haben. Aber wenigstens die wie die Pilze aus der Erde gewachsenen Maskenproduzenten aus dem Dunstkreis einer Regierungspartei wird's wieder freuen, die reiben sich die Hände ob der zu erwartenden Massenbestellungen der längst vergangen geglaubten Gesichtsverhüllung. Klassische Kriegsgewinnler eben, die auf Kosten aller übrigen Wirtschaftszweige ihre Millionengewinne machen. Denn der Handel wird unter der Maskenpflicht wieder leiden, die Gastronomie und der Tourismus ebenso, hat dieser billige Kunststofffetzen doch mehr psychologisch-erzieherischen als medizinischen Wert, steht dieser neuerliche Zwang dem mündigen Bürger und seiner mühsam gewonnenen Freiheit entgegen.

23. JULI 2020

Ja, liebe Steuerzahler: Es sind Ihre 1,8 Billionen Euro, eine unvorstellbare Zahl, die am Pokertisch zu Brüssel den Eigentümer wechselten. Aus Ihren Taschen, also denen der erwerbstätigen und steuerzahlenden Europäer, in die alleinige Verfügungsgewalt von Frau Von der Leiden, und von dort direkt in die Schuldentürme Italiens, Frankreichs und Spaniens. 390 Milliarden Euro, um genau zu sein, als unkontrollierbare Direktzuschüsse in finanzpolitisch marode Systeme, deren wirtschaftliches Ende nicht erst durch „Corona" besiegelt ist. Und zusätzlich noch 360 Milliarden Euro als zusätzliche Morgengabe, als Kredite für wiederum exakt jene Länder, deren Rückzahlungsmodalitäten dem sprichwörtlichen „Warten auf Godot" nicht umsonst ähneln. Kurz gesagt: Fahren Sie in diese Länder auf Urlaub, Ihr Geld ist schon dort. Und nicht zu vergessen die Einführung des sogenannten Wiederaufbaufonds, also die vorerst einmalige Vergemeinschaftlichung aller europäischen Schulden. Was das heißt? Tja, lieber Herr Huber, liebe Frau Maier! Sie haften in Zukunft persönlich für Italien, Frankreich, Spanien und den Rest jener Staaten, deren finanzpolitische Grundrechenarten jenen der Mafia nicht unähnlich sind. Wem Sie das zu verdanken haben? Frau Merkel, Herrn Macron und dem Rest Ihrer Regierungschefs, diesen zukunftsvergessenen, aber dafür machtbesessenen Technokraten. Denn um Ihr Geld, liebe Steuerzahlerinnen und Steuerzahler, ist denen nichts zu teuer. Und jetzt werden sich deutsche oder österreichische Unternehmer fragen, warum sie aufgrund der Corona-Zwangsmaßnahmen noch immer nicht entschädigt wurden, warum ihre Mitarbeiter in Kurzarbeit sind oder sich am Arbeitsamt wiederfinden, warum einst gesunde Betriebe den Weg zum Konkursrichter antreten müssen, warum das Wirtschaftswachstum in unseren Ländern in den Keller geht. Warum für aller Herren Länder genügend unseres Geldes da ist, aber auf Kosten unserer Volks- und Realwirtschaft gespart wird. Und diese Fragen werden wir stellen, unentwegt! Versprochen!

24. JULI 2020

Lieber Heinz-Christian Strache!
du brauchst ka Penzing, ka Währing, ka Meidling, dei Villa steht seit Jahren in Weidling. Unter uns Klosterschwestern: Ganz Wien weiß doch, dass du mehr Zeit in einem Wodka-Red-Bull-Glas auf Ibiza verbracht hast als im bescheidenen Zimmer-Kuchl-Kabinett deiner geschätzten Frau Mama in Wien. Und jetzt dient dir ausgerechnet diese 55-Quadratmeter-Schuhschachtel unter Begehung einer klassischen Scheinmeldung, also unter Zuhilfenahme jenes Meldedeliktes, das du jahrelang bei unseren sogenannten Gästen angeprangert hast, als Fluchtpunkt für dein neuerliches Asyl im immunisierten Spesentopf des Wiener Landtages. Lieber HCialis: Für wie blöd hältst du deine übrig gebliebenen Wähler, dieses letzte Aufgebot der pathologischen Realitätsleugnung, diese Zwangsmasochisten? Du weißt doch selbst: In ganz Wien hängt von dir net amal a Pyjama, und jetzt schlafst bei der Mama? Nicht einmal die edlen Handtaschen deiner Frau hätten in diesem Gemein-

debau-Minimundus Platz. Und da rede ich noch gar nicht von den Salatstechern, vulgo Stöckelschuhen, dem feinen Tuch der edlen Kostüme, dem Hund, dem kleinen Pampalatsch und seiner Kinderfrau, der Haushälterin und dem Rest dieses luxuriösen Wanderzirkus für Spesenritter.

Du, der gefallene Kämpfer gegen illegale Scheinasylanten, kriminelle Asylwerber und U-Boote, bist nun selbst ein Flüchtling aus der noblen – und, wie wir leider nun wissen, steuergeldfinanzierten – mondänen Villa in Niederösterreich und drängst in die soziale Hängematte für Wiener Hinterbanklemuren des politischen Systems?

Um es dir für deinen beschränkten Geist und deine energetischen Unterhosen zu veranschaulichen: Wie hättest du mit deinen damals hehren Idealen geurteilt, wenn ein Scheinasylant, arbeitslos, die arme Frau fürs Haushaltseinkommen schuften lassend, mit einem Strafakt, länger als die Südautobahn (es gilt die Unschuldsvermutung), unter Zuhilfenahme von vorbestraften oder halbseidenen politischen Schleppern, in die Mindestsicherung für geistig Obdachlose der Stadt Wien geflohen wäre? Stimmt, du hättest ihn abgeschoben! Und der echte Wiener antwortet dir jetzt zu Recht: Wiener Blut statt Spesenbrut!

Der tief gefallene HC-Man, der einst respektierte Vizekanzler, nun eine blamable, ja nervige, teils widerwärtige Witzfigur, die ihre leibliche und geistige Lächerlichkeit jeden Tag unter Beweis stellt. Und jetzt bist ausgerechnet du von einem Amtsmissbrauch des Roten Wien abhängig, sollte man dir die Zwei-Zimmer-Kuchl-Kabinett-Wohnung deiner Mutter in der Hauptstadt tatsächlich als Wohnsitz durchgehen lassen. Endstation Sehnsucht. Heinz, der nützliche Idiot Ludwigs gegen die ehemalige Partei. Heinz, lass es einfach, es ist vorbei, es ist Schluss mit lustig, aus die Maus, geh nach Haus. Und arbeite endlich was Anständiges!

27. JULI 2020

Überraschend und zumindest vom Ansatz her richtig ist der Vorstoß von Nationalratspräsident Sobotka, wonach Muslime sich zur demokratischen Verfassung der Republik Österreich zu bekennen haben sollen. Überraschend deswegen, weil Sobotkas Parteichef Sebastian Kurz noch vor wenigen Jahren – übrigens entgegen allen historischen Erfahrungen – den Islam per se zum Bestandteil Europas erklärte und somit einer Religion, die sich in ihrem theologischen Fundament und der darauf aufbauenden aggressiv-missionarischen Absicht gegen die Demokratie, die Meinungsfreiheit, die Säkularität, den aufgeklärten Pluralismus und mehrheitlich gegen all unsere Gesetze stellt, einen Persilschein ausgestellt hat. Es ist weder verwegen noch diskriminierend und schon gar nicht „islamophob", wenn man Mitgliedern dieser Religion, die sich, sich mehr ideologisch als theologisch verstehend, gegen alle anderen als auszumerzende „Ungläubige" positioniert, eindeutig und nachhaltig zu verstehen gibt, dass die glaubenstreue Auslegung des Islam im krassen Widerspruch zur Verfassung einer demokratischen Republik steht und folgerichtig keinen Platz in unserer Gesellschaft hat. Mehr noch, rufen doch die im Nahen Osten ansässigen anerkannten Autoritäten dieser Religion weltweit zur „Eroberung" und gleichzeitig zur Einführung der Scharia, also der Implementierung einer im 7. Jahrhundert konservierten religiösen Rechtsprechung, anstelle unserer demokratischen Judikative auf. Ob das bloße Abverlangen eines Bekenntnisses zu unserer Verfassung und damit zum rechtlichen Rahmen unserer Gesellschaft dazu reicht, die durch anerkannte Islamwissenschaftler wie beispielsweise Mouhanad Khorchide aufgeworfene Unintegrierbarkeit von Teilen der muslimischen Gemeinschaft zu beheben, ist zu bezweifeln. Viel eher müsste endlich formuliert werden: Der Islam ist kein Bestandteil Europas, einzelne Muslime hingegen sehr wohl, wenn sie sich nicht nur zu den Regeln unseres Daseins bekennen, sondern diese auch leben!

28. JULI 2020

Der eine Meter Abstand, besser bekannt als Dumbo, der Babyelefant, von Gesundheitsminister Angstschober generell und flächendeckend verordnet, ist offenkundig verfassungswidrig. Die Maskenpflicht, ohne jegliche fachliche oder medizinische Grundlage entgegen jeder Logik und zudem nach jeweiliger

Örtlichkeit undifferenziert verordnet, ist voraussichtlich verfassungswidrig. Die Öffnungsschritte nach dem Corona-Chaos und die damit einhergehende Benachteiligung des Handels sind bestätigt verfassungswidrig. Die Ausgangssperren des Lockdowns für den gesamten öffentlichen Raum sind absolut verfassungswidrig. Die 33.000 Strafmandate, auf Basis von eklatanten Gesetzesbrüchen ausgestellt, sind eindeutig verfassungswidrig. Die willkürlich verordneten Reisebestimmungen sind nicht nur grammatikalisch fehlerhaft, sondern allesamt verfassungswidrig.

Liebe Verfassungs-, Vertrags- und Gesetzesbrecher, Pfuscher und Winkelschreiber, Laien, Nötiger und Erpresser, kurz: Sehr geehrte Regierung! Verantwortungsträger, die geloben, die Verfassung und die Gesetze der Republik getreulich zu beachten, aber mit Vorsatz und voller Absicht entgegen allen demokratisch zustande gekommenen Bestimmungen handeln, sich um das Recht einen Dreck scheren und dieses mit Füßen treten, nennen sich wie? Exakt, Gesetzesbrecher. Eine Regierung, die ihren Narzissmus und ihre Machtbesessenheit über das Gesetz stellt, das Amt missbraucht, aus minderbeleuchteten Analphabeten besteht, ist was? Exakt, ein Regime des Dummen und Bösen. Eine Regierung, die mit gespaltener Zunge spricht, anders handelt, als sie verspricht, ist was? Exakt, elendes Heuchlerpack. Eine Regierung, die durch ihre Maßnahmen Arbeitsplätze vernichtet, Menschen in die soziale Armut jagt, gesunde Betriebe zerstört, besteht aus was? Exakt, Politpleitiers. Eine Regierung, die – je nach Anlassfall – abstrakte Ängste schürt, unbegründete Panik verbreitet, Hysterie erzeugt und damit Volksvermögen zerstört, besteht aus was? Exakt, verantwortungslosen Demagogen. Eine Regierung, die ihre eigenen Parteigänger bevorzugt, Posten und Aufträge schachert, dem Nepotismus zur Hochblüte verhilft, besteht aus was? Exakt, Korruptionisten. Eine Regierung, die aus Gesetzesbrechern, Dummen, Bösen, Heuchlern, verantwortungslosen Demagogen, Korruptionisten, Politpleitiers besteht, ist leider nur schwer erträglich und rücktrittsreif! Denn in diesem Fall wäre erst der Rücktritt der wahre Fortschritt!

Frau Merkel,
sagt Ihnen der Name Zubyr S. etwas? Oder die Namen seiner gesichtslosen Opfer? Haben Sie jemals in die Augen eines 11-jährigen oder 13-jährigen Mädchens geblickt, dessen von Lebensneugier loderndes Feuer in den Augen gänzlich erloschen ist? Nein, das konkrete Leid des Fluches Ihrer bösen Tat ist Ihnen gänzlich unbekannt. Sie schauen weg, es wird von Ihnen negiert oder totgeschwiegen. Es wird unter Ihren vier Buchstaben, breit und schwer, ausgesessen. Wie soll es auch anders sein? Denn „Wir schaffen das" war generös, human, und die drei Worte des Übels waren leicht gesprochen – die Folgen tragen nicht Sie, sondern das Ihnen schutzbefohlene Volk. Darunter unzählige jugendliche Opfer des jüngsten Einzelfalles, des Drogendealers, und nun zwei Mädchen, deren psychisches Leben zu Ende scheint. Zubyr S. ist das eindeutige Resultat Ihrer Politik, er hat ein Mädchen schändlich missbraucht, vergewaltigt. Von der Justiz Ihres Landes wurde er dennoch auf freien Fuß gesetzt, denn es bestehe für den armen Täter keine Fluchtgefahr und – trotz des Wissens um das Kapitalverbrechen – auch keine Wiederholungsgefahr. Einen Monat später schlug der Täter wieder zu, die zweite Kinderseele ausgelöscht. Unter einer Justiz, die sich dem von Ihnen kreierten Staat der Toleranz gegenüber der Gewalt sehr gut angepasst hat. Einer Justiz, die nicht schützt und nicht Recht spricht, aber wenigstens „gut und tolerant" ist. Einer Justiz Ihres Landes, die dem Täter glaubt, aber nicht dem Opfer.

Zubyr S., Drogendealer, Vergifter unserer Kinder, einen Strafakt am Kerbholz, der seinesgleichen sucht. Das System glaubt ihm, gibt ihm die Freiheit – und stiehlt diese somit den Unschuldigen. Als Justizpanne wird es abgetan, man wollte es vertuschen. Der nun plötzlich ins Treffen geführte Opferschutz erlaube es nicht, darüber zu berichten. Nun rücken die unschuldigen Opfer doch ins Interesse dieser Karikatur einer Justiz, und ihr Schicksal wird dazu missbraucht, die Herkunft des Täters, sein kriminelles Vorleben und die regelrechte Beihilfe der Damen und Herren im Talar zu verschweigen. Das Irrenhaus Deutschland, oder: Wie Merkel einen demokratischen

Rechtsstaat pervertierte, weil man zu den Guten gehören wollte, die das Böse walten lassen.

31. JULI 2020

Ja, wenn Mitleid tatsächlich ein Wahlmotiv wäre, wäre HC Strache längst Bürgermeister von Wien. Nur ist Mitleid eben kein Wahlmotiv und bei latentem Eigenverschulden auch nicht angebracht. Es waren nicht die Bilderberger, die Rothschilds, die jüdische Weltverschwörung, ein homosexueller Geheimbund oder politische Mitbewerber (die Auflösung dieser wirr erscheinenden Aneinanderreihung von gängigen Verschwörungen kommt mit der Veröffentlichung des gesamten Ibiza-Videos zutage), die Strache dazu gezwungen hätten, in Ibiza dekadente Machtfantasien zu entwickeln und diese noch dazu proletoid zu äußern, widerwärtige Gerüchte über Prominente zu streuen, energetische Unterhosen im Webshop anzubieten, einen amtsbekannten Häfenbruder zum Wahlkampfleiter zu machen, mittels Spesen seine eigene Partei auszusackeln, einen Mietkostenzuschuss für die mondäne Villa zu kassieren, Drogensüchtige im Umfeld zu dulden (Stichwort: culpa in eligendo), Potenzpillen über die eigene Partei abzurechnen, einen Capone zum Sicherheitsmann zu küren, seiner eigenen Frau ein Monatsgehalt von 10.000 Euro zuzuschanzen, ein Monatsfamilieneinkommen jenseits von 40.000 Euro unter Umgehung sämtlicher moralischen Standards zu generieren oder einen Scheinwohnsitz in einer 55-qm-Wohnung der betagten Mutter in Wien zu eröffnen. Nein, es waren nicht die Mars- und Mondmännchen und auch keine der ansonsten gängigen dunklen Mächte aus dem Hinterhalt, die den Gefallenen nun von einem Fettnapf in den anderen jagen, ihn zum Getriebenen seiner gescheiterten Existenz machen. Und auch, wenn nach wie vor ein ohnedies immer geringer werdender Teil der Anhängerschaft, durchaus im Stile der geistigen Nachfahren des geozentrischen Weltbildes zu verstehen, daran glauben mag: Es ist jeder seines eigenen Glückes Schmied, auch Strache selbst, und für all sein Tun verantwortlich! Eine meiner letzten WhatsApp-Botschaften an Heinz-Christian Strache stammt vom 23. Dezember 2019, 9:26 Uhr, und lautet wie folgt: „Lieber

Heinz, ich wünsche Dir besinnliche Tage, eine friedliche Zeit im Kreise Deiner Lieben. Weihnachten soll Dir die notwendige und ersehnte Ruhe bringen, und aus dieser mögest Du vergangene Fehler erkennen. Ohne Selbstreflexion gibt es keine Korrektur, ohne Korrektur ist kein Neuanfang möglich. Leichter gesagt als getan, ich weiß. Aber mit dem festen Willen zur Umkehr machbar. Auch wenn Du skeptisch bist, ich meine es gut mit Dir!“ Es folgte keine Antwort und – wenig überraschend – auch keine Einsicht. Die aktuelle Scheinwohnsitzaffäre beweist es einmal mehr.

2. AUGUST 2020

Aluhutträger, Impfgegner, Nazis, Verschwörungstheoretiker, rasch fanden die im Chor gleichstimmigen Medien und darunter politische Nullnummern, rhetorische Einzeller samt dem Rest der eskenschen Unaussprechlichen der deutschen Politik eine eindeutige Zuordnung, eine bequeme Schubladisierung der renitenten Teilnehmer der jüngsten Corona-Demonstration in Berlin. Und überhaupt vermeldete das ferndiagnostizierende Medienregime: Es seien eh nur fünf Personen gewesen, also eigentlich ein versprengter Haufen Ewiggestriger, die am titulierten Deppenmarsch teilgenommen hätten und nicht der Rede wert seien. Aber die Abstandsregeln wurden nicht eingehalten, daher musste dieser Aufmarsch der frank und frei durch die politische Obrigkeit als COVID-Idioten dargestellten Bürger polizeilich aufgelöst werden. Die größten Kritiker dieser Demos waren übrigens überraschenderweise Vertreter jener politischen Parteien und Ideologien, die sich bis dato immer als Kämpfer für Grundrechte, also auch für das verfassungsrechtlich garantierte Demonstrationsrecht, eingesetzt hatten, denen die Versammlungsfreiheit als höchstes Gut gilt.

Zumindest vor bald zwei Monaten war es noch so. Helden waren sie, die abstands- und maskenlosen Teilnehmer der Bewegung „Black Lives Matter“. Mutige Idealisten, die den unrechten Tod eines amerikanischen Kleinkriminellen zum Anlass nahmen, um den mutigen Sturm auf das Establishment der alten weißen Rassisten unserer europäischen Gesellschaft zu proben. Abstandsregeln waren egal, der Rechtsstaat ließ sie nobel gewähren, denn bei „Black Lives Matter“ handelt es sich um die ehrenwerten Guten. Regelrechte Liebesbriefe widmeten die Chefredakteure der Medien den medial zu Millionen Teilnehmern aufgeblasenen Kerzerlmärschen, den Teilnehmern übrigens, denen die Corona-Regeln am Allerwertesten vorbeigegangen sind. Jene, die für die Stuttgarter Party- und Eventszene noch mildernde Umstände ins Treffen geführt haben, Verständnis für die gewalttätigen Randale der Hamburger G-20-Nächte als Ausdruck des aufrechten antifaschistischen Kampfes gezeigt haben, stehen nun in der ersten Reihe und brandmarken unbescholtene Bürger wegen deren Kritik an den folgenschweren Grundrechtseingriffen einer Regierung im Rahmen der geschürten Corona-Panik. Als ob die Jahrhundertrezession von mehr als 10 % Wirtschaftseinbruch, Millionen Arbeitslose, Pleitewellen unserer Betriebe und verfassungswidrige Grundrechtseingriffe nicht Grund genug wären, auf die Straßen zu gehen. Nein, denn das Demonstrationsrecht sowie das Recht auf Meinungsfreiheit gelten ja nur für eine kleine Minderheit sich selbst überhöhender Vertreter, die ins verordnete, ins politisch korrekte Konzept passen. Und so ziehe ich heute den Aluhut vor den Teilnehmern in Berlin, die sich dem verordneten Tugendterrorismus entziehen, die sich gegen eine faschistoid verordnete Gleichschaltung der Meinung zur Wehr setzen. Denn die Freiheit ist unser höchstes Gut!

10. AUGUST 2020

Ding, dong. Ein zart besaitetes Seelchen, ein Sensibelchen, dessen heilige Nachtruhe, der unruhige Schlaf des vermeintlich Gerechten, ausgerechnet durch Kirchenglocken gestört wird. Nein, nicht der Straßenverkehr in der zweitgrößten Stadt Österreichs reißt ihn aus seinen feuchten Träumen, auch nicht die lautstarke Nachtgastronomie oder johlende Passanten, auch nicht der Flug- oder Bahnlärm. Regelrecht gezwungen, an den Haaren gezerrt hat man den vertrottelten Berufsquerulanten in eine Stadtwohnung ausgerechnet nahe einer Kirche, ihn regelrecht genötigt, dort sesshaft zu werden, dort zu leben, dort zu schlafen. Den Kirchturm hat er übersehen, der arme Mensch, von den himmlischen Glocken, seit Jahrhunderten am gleichen

Standort, wurde er ausgerechnet nächtens überrascht. Wie jene Idioten unserer Tage, die neben einer Kuhweide bauen und sich über die störenden Kuhglocken empören. Oder jene Esel, die ihre Keusche günstig neben einer Autobahn errichten und sich über den Pkw-Lärm alterieren. Oder jene Narren, die auf die Almen kraxeln und sich wundern, dass dort Tiere sind. Und was macht er nun, der geistige Schlafwandler im innerstädtischen Bereich? Er startet eine schwindsüchtige Petition, führt als moderner Ritter von der traurigen Agnostikergestalt den Krieg gegen die Kirchenglocken. Dem streitbaren Deppen ins Stammbuch geschrieben: Wenn Sie sich von Kirchenglocken gestört fühlen, ziehen Sie niemals in die Nähe einer solchen. Wenn Sie lärmempfindlich sind, wohnen Sie doch um Himmels Willen nicht in einer Stadt. Wenn Sie die jahrtausendealte christliche Kultur unserer Breiten als störend empfinden, fliegen Sie einfach nach Teheran oder nach Islamabad. Da haben Sie keine Glocken, aber dafür andere Sitten und einen Muezzin. Aber bitte mit einem One-Way-Ticket, ich zahl's Ihnen!

Wenn Sie vor Gottes Anlitz bei der Verteilung von Hirn ausgerechnet in der letzten Reihe standen, gehen Sie – frei nach Herrn Monopoly – in die Psychiatrie, begeben Sie sich direkt dorthin. Gehen Sie nicht über Los! Ziehen Sie sich eine Zwangsjacke an. Da läuten zwar auch die Glocken, aber Sie schweigen gottlob. Und das ist gut so! Ding, dong!

12. AUGUST 2020

Das Recht und der darauf basierende Staat haben dem Volk zu dienen, nicht umgekehrt. Die Pervertierung des Rechtes als Ausdruck der Gerechtigkeit wurde jüngst sichtbar, als Parlament und Regierung im vollen Wissen um dessen teilweise Rechtswidrigkeit das COVID-Maßnahmengesetz ohne jegliche Begutachtung und in einer Nacht-und-Nebel-Aktion unter Einsatz der Drohkulisse des nahen Ebola-Todes, auch „Corona" genannt, durch den Nationalrat peitschten. Ein auf die Verfassung vereidigter, aber ihrer nicht kundiger Regierungschef quittierte die verantwortungsvoll vorgebrachte Kritik von Verfassungsexperten lapidar sinngemäß damit, dass der Verfassungsgerichtshof die Gesetze und Verordnungen ohnedies aufheben könne, wenn sie nicht mehr in Kraft seien. Sekundiert wurde diesem autokratischen Streich durch den grünen Gesundheitsminister Anschober, der seit Erlass der ersten Verordnung hauptamtlich damit beschäftig ist, sich in periodischen Abständen bei der Bevölkerung für seinen legistischen Müll zu entschuldigen. Der die „Schönheit der Verfassung" dauerbeschwörende Bundespräsident fiel in die alte subjektive Rolle eines Parteipolitikers zurück und schwieg sich ob des Chaos seiner grünen Parteifreunde aus. Die Antwort auf die Frage, wie sich Van der Bellen wohl verhalten hätte, wenn dieser Pfusch von einem Herbert Kickl angerichtet worden wäre, wird er uns wohl für immer schuldig bleiben. Und es kam, wie es kommen musste, wie es jeder wusste. Die Regierung ließ wissentlich verfassungswidrige Gesetze und darauf fußende Verordnungen exekutieren. Insgesamt wurden von Staatsorganen selbst mehr als 33.000 gesetzeswidrige Strafen gegenüber Bürgern erlassen. Auch kein Pappenstiel, würde man sagen. Das Vertrauen in den Rechtsstaat und seine Organe wurde erschüttert, auch aufgrund der Tatsache, dass die fehlerhaften COVID-Gesetze keine lässlichen Fehler beinhalteten, sondern dass mit Vorsatz und unter Ausnutzung des Zeitdruckes eindeutig der Verfassung zuwidergehandelt wurde. Und nun geht es daran, 33.000 ungerechtfertigt eingehobene Strafmandate zurückzuzahlen. Und war diese türkis-grüne Regierung im März noch übereifrig, ihr Drohszenario über ganz Österreich hochzuziehen, zieht es sich jetzt mit der Zurückzahlung. Mein Vorschlag: Die Regierung überweist sämtliche eingehobenen Strafen zurück und schickt dazu einen von Kurz, Anschober und Nehammer eigenhändig unterschriebenen Entschuldigungsbrief mit folgendem Wortlaut: „Verzeihen Sie uns, denn wir wussten nicht, was wir taten!"

13. AUGUST 2020

Herr Kurz, Herr Angstschober, Herr Kogler!
Erst heute ist mir bewusst geworden, wie Ihre Apokalypse, also dieses in den täglichen Pressekonferenzen gezeichnete Inferno mit den prophezeiten 100.000 Toten, zu verstehen war. Täglich, ja fast stündlich haben Sie doch wie Seher aus dem Dru-

idenkreis aus den TV-Geräten heraus das menschliche Ende unserer Nation vorhergesagt. Jetzt erst ist mir klar geworden: 100.000 Firmen, nicht Menschen, droht jetzt der Corona-Tod, titeln die heutigen Tageszeitungen. Um 12,8 % bricht unsere gesamte Wirtschaft ein, das größte ökonomische Desaster seit dem Zweiten Weltkrieg. 100.000 Klein- und Mittelbetriebe und Hunderttausende Arbeitnehmer in diesen einst gesunden Unternehmen stehen vor dem Ende ihrer Existenz, wurden durch Ihre Maßnahmen in den ökonomischen Abgrund gestoßen. „Koste es, was es wolle", haben die Millionen Österreicher noch im Ohr. Die exponentielle Kurve steigt nun wirklich an, und zwar jene der Arbeitslosigkeit, mit dem nun drohenden Insolvenztsunami. ATB in der Obersteiermark geschlossen, die voestalpine AG oder nun MediaMarktSaturn bauen Tausende Mitarbeiter ab. Jeder dritte Gastronomiebetrieb wird für immer zusperren. Und es dämmert selbst dem dümmsten Hörigen, dass Ihre Maßnahmen – sehr geehrte Totengräber unserer Volkswirtschaft – gegen das todbringende Virus mehr Schaden angerichtet haben, als es dieses Fledermaus-Souvenir aus den Laboren Wuhans jemals zusammengebracht hätte. Und jetzt frage ich die treue Gefolgschaft dieser Regierung, also beispielsweise die sich bisher existenziell abgesichert glaubenden Pensionsbezieher und jene, die kurz vor der Rente stehen, denen Kurz das Leben ja fast eigenhändig gerettet hat: Glauben Sie wirklich, dass Ihre Pensionen in den nächsten Jahren sicher sind, wenn zig Milliarden an Euro dem Staatshaushalt, den Kranken- und Pensionsversicherungen fehlen? Und dann frage ich die jungen Menschen in unserem Land, die noch in ihrer Ausbildung stecken, aber fast leidenschaftlich dem Kindkanzler und seinem illuminierten Witzekanzler an den Lippen hängen: Glauben Sie wirklich, dass das Bildungssystem bei fehlenden Steuereinnahmen aufrechterhalten werden kann, nach Ende Ihrer Schullaufbahn ein Arbeitsplatz in einem der pleitegegangenen Betriebe auf Sie wartet? Es wird Zeit, die Augen zu öffnen und das wahre Inferno zu sehen: den Niedergang unserer Wirtschaft, den Verlust unserer Arbeitsplätze, den Entfall von Steuereinnahmen und damit eine Instabilität des gesamten

Systems. „Koste es, was es wolle“, hieß es – und wird am Ende unser Dasein kosten!

14. AUGUST 2020

Der 1. FC Köln trägt nun eine Moschee im Logo seiner Auswärtstrikots. Man wolle die große türkische Community auch optisch abbilden, und das gehe eben nur mit einer Moschee. Selbst einst konservative Politiker der CDU verteidigen dies und meinen, dass man mit der gezeichneten Moschee ja nur die neue Silhouette von Köln wiedergeben wolle. Ich meine, warum auf halber Strecken stehen bleiben? Warum nicht auch noch den Geißbock, also das Vereinstier des 1. FC Köln, schächten? Das wäre doch ein wahrhaft buntes Angebot an die Morgensternschläger des Sultans von Ankara. Ich verneige mich jedenfalls vor diesem bisherigen Meisterstück deutscher Willkommenskultur, gerade in den Wochen, wo aus dem byzantinischen Weltkulturerbe, der Hagia Sophia, dank der Willkommenskultur der türkischen Community des Herrn Erdoğan in Istanbul wieder eine Moschee wird. Und allein die Idee, dass eine religiöse Moschee für die Türkei stehe, lässt selbst Atatürk im Grabe rotieren. Im Sinne dieses Kniefalles des neuen muslimischen Kalifats der Türkei und auch unter Rücksichtnahme auf die Tatsache, dass die größten türkischen Städte nun in Deutschland stehen, würde ich doch endlich den vielgeliebten Halbmond ganz offiziell den Nationalfarben Schwarz-Rot-Gold hinzufügen. Und statt des Bierkruges des Münchner Kindls würde sich ein fetter Kebab anbieten. Denn warum die Münchener Türken gegenüber den Kölnern diskriminieren? Das Wappen von Berlin-Kreuzberg ziert derzeit noch eine Brücke, wiewohl das erlauchte Bildnis des Bosporus-Führers Recep Erdoğan viel stimmiger wäre. Und wenn ich ein solcher Fan des neuen bunten Deutschlands unter der Führung der AKP wäre, würde ich ja noch die Kanzlerin verhüllen, nicht wie Christos Reichstag, aber zumindest wie Fatima. Bei all dieser Rücksichtnahme sollte man langsam, aber sicher auch über den Namen Deutschland nachdenken. Denn erstens ist es bald nicht mehr das Land der Deutschen und allein dieser Herrschaftsanspruch, die Deutschen hätten ein Land, ist ja zutiefst rassistisch, diskriminierend und verletzend. Und zweitens: Das Irrenhaus Deutschland schafft sich ja ohnedies ab.

15. AUGUST 2020

Wenn die Realität das Kabarett schlägt, wenn Politik zur Satire verkommt, wenn uns von Zeit zu Zeit die unendlich große Gnade zuteilwird, in die Abgründe von Österreichs offener Psychiatrie zu blicken, wenn sich das „Who's who" des Narrensaumes der Republik unmaskiert offenbart, wenn sich Glücksritter, Korruptionisten, Halbseidene, üble Geschäftemacher, Pleitiers und Konkursanten treffen, dann dürfte HCialis Strache seine Kandidaten präsentiert haben. Der Listenführer ist ein wohnsitzfälschender Lügner, ein Spesenritter, ein dekadenter Abkassierer, ein Parvenü, der sich auf dem Weg in die Politik die leeren Taschen vollstopfte. Der Wahlkampfleiter ist ein amtsbekannter Häfenbruder und einstiger Chefkorruptionist des Eurofighter-Deals.

Der Generalsekretär ein busengrapschender Höhlenmensch, dazu gesellt sich ein dubioser Freimaurer einer noch dubioseren slowakischen Loge, dessen Amtsbekanntheit sich in Bälde steigern wird. Garantiert! Statt Kickl gibt's nun Kiki, die fleischgewordene Mischung aus einzelligem Echsenmensch, Flacherdenvertreterin und Chemtrail-Schnüfflerin als Vorzugsstimmenkandidatin, die im illuminierten Zustand an Dan Browns nüchterne Illuminaten glaubt, die mehr oder weniger ausgestorbene Familie Rothschild für das größte Übel der Welt hält und somit einmal mehr die alte Mär vom weltzerstörerischen Ostküstenjudentum hochhält. Besonders pfiffig, die kämpft gegen Freimaurer. Ein Mäuschen möchte ich sein, wenn Flachwurzler-Kiki auf ihren neuen Logenbruder trifft. Aber wir sind noch nicht fertig: Da ist noch ein Bosnier, der seinen Hauptwohnsitz ausgerechnet in Belgrad verortet, in Purkersdorf kandidierte und auf dem besten Wege ist, die zweite Scheinwohnsitzdebatte neben der seines Führers HCialis zu eröffnen. Natürlich stellt eine Kandidatenliste den Querschnitt der Bevölkerung dar, nur sollte man diesen Querschnitt nicht auf die Baumgartner Höhe und das Landl beschränken.

Die Wahlkampfgeschenke: Zwangsjacken und Potenzpillen! Am Ende bleibt dann nur mehr das Kuckucksnest. Und da wünsche ich guten Flug!

18. AUGUST 2020

Das Corona-Chaos schlägt auch im Bildungsbereich voll durch. Wenige Wochen trennen uns vom herbstlichen Schulbeginn, und dennoch werden Eltern, Lehrer und Schüler bis auf nebulöse und widersprüchliche Ankündigungen in Pressekonferenzen durch die Bundesregierung seit Monaten im Unklaren über die Art und Ausgestaltung eines durch die Corona-Panik beeinträchtigen Unterrichtes gelassen, weiß im Bildungsministerium die eine Hand nicht, was die andere tut. Der bisherigen Strategie und dem seit 13. März von Bundeskanzler Kurz und Gesundheitsminister Anschober eingeschlagenen Weg des absoluten Lockdowns zum Schutz vor dem todbringenden Polit-Ebola folgend müsste man ja spätestens mit einem Ansteigen der Infektionszahlen im Land den Bildungsbereich wieder gänzlich sperren. Dem stehen aber mittlerweile Studien gegenüber, die die Folgen der Schließung des heimischen Bildungsbetriebes im Frühjahr mit bis zu sieben Milliarden Euro an volkswirtschaftlichem Schaden beziffern. Und auch der schwedische Vergleich kommt wieder zum Tragen, denn das in den Kreisen hysterischer Virenjäger gefürchtete Land hat selbst am Höhepunkt der Pandemie den Schulbereich nie geschlossen, verzeichnet nun sinkende Infiziertenzahlen und steht selbst wirtschaftlich besser als der Rest der Eurozone – Österreich inkludiert – da. Die Crux ist es, dass beide Regierungsparteien einen Spagat vollziehen müssen, nachträglich ihre strengen Maßnahmen aus dem Frühjahr zu rechtfertigen, ja zu legitimieren, und andererseits mittlerweile wissenschaftlich täglich bestätigt zu bekommen, dass der Bildungsbereich eben nicht den gefürchteten Clusterbereich darstellt. Unter diesem Aspekt ist auch der Schlingerkurs von Bildungsminister Faßmann zu verstehen, der gestern zwar einerseits einen normalen Schulstart im September versprach, aber dennoch die Distance-Learning-Phasen – also die Schließung von Schulen – nicht ausschließt, sich gegen Masken in den Klassenzimmern ausspricht, aber sie dafür außerhalb der Klassenräume verordnet und im regelmäßigen Lüften der Klassenzimmer ein Allheilmittel gegen das gefürchtete Coronavirus sieht. Zumindest in dieser Frage ist er voll auf Linie mit Bundeskanzler Kurz, der ja das Virus mit „dem Auto über die Grenzen kommen" sieht. In Wahrheit ist alles ein großes Experiment, und unsere Schulen, also die Ausbildungsstätten der Zukunft unseres Landes, sind die Experimentierfelder einer immer mehr ins Chaos abgleitenden Politik.

19. AUGUST 2020

„Die Jahrhundertrezession", titeln die Medien und haben angesichts des seit 1945 einzigartigen Einbruches der österreichischen Wirtschaft von unglaublichen 12,8 % mit dieser dicklettrigen Superlative des Grauens leider nicht Unrecht. Man musste kein ausgewiesener Experte sein, um bereits mit der Verordnung des Lockdowns im März zu wissen, dass die mehrmonatige mutwillige Lahmlegung der Wirtschaft und die damit verbundene Aussetzung des Konsums letztendlich entsetzliche Spuren auf dem Arbeitsmarkt hinterlassen würden. Und es beweist sich nun ohne jeden Zweifel, dass die Folgen des ohne Augenmaß und Besonnenheit geführten Kampfes gegen „Corona" mehr Schäden verursacht haben, als das anfangs monströs stilisierte Virus selbst hervorgebracht hätte. Die Angst- und Panikmache hat der Wirtschaft eine Depression beschert. Die von der Regierung anfänglich chaotisch umgesetzte Kurzarbeit erwies sich zumindest bis jetzt als probates Mittel der Wahl, gefährdete Betriebe bzw. in erster Linie deren Arbeitnehmer einigermaßen „über Wasser zu halten", ein definitives Abrutschen in die perspektivenarme Arbeitslosigkeit zu verhindern. Und folgerichtig hat die Regierung diese Maßnahmen gemeinsam mit den Sozialpartnern, wenngleich auch nunmehr unter schlechteren Bedingungen, über den Winter hinweg bis ins Frühjahr 2021 verlängert. Denn das dicke Ende der katastrophalen Wirtschafts- und Arbeitsmarktsituation steht uns bevor, wenn saisonbedingt die Bauwirtschaft eine Pause einlegt, die Folgen des schwächelnden Tourismus sichtbar werden und über den Jahreswechsel die prophezeite Insolvenzwelle über uns hinwegrollt. Es wird daher ein Kraftakt werden, dieses halbe Jahr zu überstehen und Betriebe wie Arbeitnehmer sprichwörtlich über den Winter zu bringen. Möge diese Übung gelingen, denn ansonsten werden sich die bisherige Rezession und deren Folgen wie ein Lärcherl anfühlen.

21. AUGUST 2020

Wem ist nun gedient? Niemandem! Weder dem negativ beschiedenen Asylwerber, dem die GrünInnen mit der Etablierung der Lehre als Asylgrund einige Monate Verschnaufpause vor der Abschiebung verschafft haben, noch den Betrieben, die keine Kosten und Mühen gescheut haben, um eine ordnungsgemäße Berufsausbildung sicherzustellen und nun ohne den Ausgebildeten dastehen. „Das Beste aus beiden Welten", tönten Sebastian Kurz und Werner Kogler, als sie sich in dem türkis-grünen Koalitionsbett wiederfanden. Und man sieht allein anhand der Problematik der durch beide vollzogenen De-facto-Implementierung der Lehre als Asylgrund, wie inkompatibel und sich gegenseitig ausschließend diese beiden Welten sind. Sebastian Kurz muss – nicht zuletzt, um die blauen Leihstimmen bei Laune zu halten – auf „Law and Order" setzen, die GrünInnen hingegen stehen seit Jahrzehnten im Integrationsbereich für Rechtlosigkeit und den in der Praxis bereits gescheiterten Multikulturalismus. Der vollzogene Spagat, rechtmäßige und rechtskräftige Abschiebungen auszusetzen und die Personen mit erschlichenem Fluchtstatus durch eine Lehre temporär zu pardonieren, endet, wie er enden musste: im Schildbürgerstreich. Der neue Weg der türkisen ÖVP zeigt sich auch hier im sinnlosen und teuren Kompromiss, der das Asylrecht zugunsten der grünen Anarchotruppe pervertiert. Österreich verpflichtete sich rechtlich und moralisch zur zeitlich begrenzten Aufnahme geschundener Kriegsflüchtlinge. Wer Not und Verfolgung erlitten hat, hat selbstverständlich das Asylrecht. Personen, die unter Vorspiegelung falscher Tatsachen als reine Wirtschafts- und Sozialtouristen das Asylrecht missbrauchen, sind abzuschieben. Auf diesen einfachen wie verständlichen und von der Mehrheit der Bevölkerung unterstützten Leitsatz hätte sich die türkis-grüne Koalition nur verständigen müssen, und es wären den getäuschten Zuwanderern sowie auch den Lehrbetrieben unnötiges Leid, unnötige Ausgaben und unnötig verbrauchte Zeit erspart geblieben. Sebastian Kurz, der Bundeskanzler, und Sozialminister Rudi Anschober als Initiator dieses im Grunde widersinnigen Asyl-Lehre-Vehikels haben sich vertrippelt. Beiden würde es gut anstehen, den Zigtausenden österreichischer Lehrstellensuchender endlich einen Ausbildungsplatz zu verschaffen. Denn durch Corona und das chaotische Management der Regierung ist die Situation am Arbeitsmarkt nicht besser geworden. Aber wer weiß, vielleicht ist ja unsere jetzige Situation auch das Beste aus beiden Welten?

23. AUGUST 2020

Herr Kurz, Herr Angstschober! Unfassbare 15 Stunden lang eingesperrt in einem Pkw, unter der brütenden Sonne Nordsloweniens, zig Kilometer von der Grenze entfernt, ohne Wasser und Hilfe. Da reihe ich mich doch gern in die täglich immer länger werdende Schlange jener verständnislosen Bürger ein, die Sie, die Herrn Tauge- und Habenichts, unaufhörlich fragen, an welchem Hauseck ganz konkret Sie auf dem Weg in Ihre Tintenburgen täglich anrennen, und ich gratuliere doch auch gleichzeitig zum jüngsten Schildbürgerstreich Ihrer Chaosregierung. Die Grenzen zu Österreich dicht wie die Berliner Mauer, nur ein Abfertigungsschalter geöffnet für Zigtausende Reisende. Gesperrt von ausgerechnet jenen gutmenschlichen Politikern, im Volksmund auch vertrottelte Pumperer genannt, die uns noch vor fünf Jahren angesichts von Millionen „Wir-schaffen-das"-Touristen vollmundig erklärten, man könne keine Grenzen schließen, das widerspreche doch dem heiligen europäischen Geist. Wenn's aber gegen das eigene Volk geht, ist keine Schikane zu klein, dann werden unbescholtene Bürger gepiesackt, dann wird das Gesetz gebeugt, dann wird Recht gebrochen. Die wohl vornehmste Pflicht einer Regierung ist es, die Lebensbedingungen der Menschen eines Landes zu verbessern. Zigtausende Urlauber aus ihren Sehnsuchtsländern willkürlich heimzuzitieren, aber nicht willens und in der Lage zu sein, die erzwungene Rückkehr ordnungsgemäß zu organisieren, zeugt nur mehr von Inkompetenz, zum Himmel schreiender Ahnungslosigkeit, die durch widersinnige Maßnahmen kaschiert werden soll. Eine Regierung der geistigen Flachwurzler, der Analphabeten, der Versager, die ihre Unwissenheit durch gelebte Arroganz übertüncht. Herr Kurz, Herr Angstschober: In Wahrheit haben Sie fertig!

27. AUGUST 2020

Herr Kurz, den Medien darf ich entnehmen, dass Sie die von Ihnen zur alles dahinraffenden, gefährlichsten Krankheit der Menschheit erklärte Seuche, das Fledermausvirus zu Wuhan, im kommenden Jahr 2021 für beendet erklären werden. Ihren Plänen folgend endet die Pandemie, wie sie begonnen hat: nur durch Sie! Ein Schelm, wer Böses dabei denkt. Ist COVID-19 gar nur ein Konstrukt Ihrer fantasievollen Inszenierung? Mit einer türkisen Rede zur Lage der Nation hat der Wahnsinn begonnen, nun werfen Sie sich wieder ans Pult und gedenken, der Menschheit zu verkünden, wann Sie, der Alpen-Ikarus, eigenhändig die Krankheit zur Strecke bringen werden. Der Jubel ist Ihnen sicher, aus den Gräbern der 100.000 Toten Ihrer Legende schallt uns das Hosanna entgegen. Das Heer der Arbeitslosen singt den Gefangenenchor aus „Nabucco". Und wie erst die künftigen Pleitiers jubeln ob der mildtätigen Gaben Ihrer Milliarden Hilfsfonds. Ihre Verkündigung, der Triumph des Willens eines einsamen Waldviertler Bauernbuben, der einst wie David vom Kartoffelacker auszog, um den gefürchteten Goliath zu besiegen. Schade, dass sich Leni Riefenstahl diesem türkisen Theater durch die Gnade eines frühen Todes im letzten Moment entziehen konnte. Nun kommt Dumbasti, der Babyelefant, wieder in die Asservatenkammer der Horrorgeschichte der Menschheit, wie es Ihnen, der Macron-Kopie, belieben wird und ins Konzept passt. An Ihrer Seite Rudi Ratlos, der Angstschieber Österreichs, der dann dem verdutzten Volke erklären kann, warum wir für dieses Drama in mehreren Akten keine Arbeitsplätze, keine Betriebe, aber dafür Hunderte Milliarden Euro Schulden haben. Danke, Basti!

Wann, wenn nicht jetzt, wo Millionen Menschen vor den Trümmern ihrer Existenz stehen, ist es gerechtfertigter als je zuvor, auf die Straßen zu gehen? Wann, wenn nicht jetzt, wo Regierungen im Rahmen der COVID-Hysterie Grundrechte verfassungswidrig ausgehöhlt haben, ist es notwendiger denn je, gegen diese Maßnahmen zu demonstrieren? Tatsächlich finden sich dieser Tage auf Europas Straßen Bürgerinnen und Bürger, die nun lautstark und mutig gegen eine Politik auftreten, die jegliche Relation und jedes Augenmaß vermissen lässt, die die Dimensionen des hinterlassenen Debakels nicht versteht. Der Kampf gegen das hochstilisierte und hysterisierte „Corona" hat mehr wirtschaftliche, gesundheitliche, soziale und gesellschaftliche Schäden angerichtet, als es das gefürchtete Virus selbst zustande gebracht hätte. Millionen Arbeitslose in Europa, ein Zusammenbruch der Realwirtschaft, insolvente Betriebe, wohin man blickt, geplünderte Budgettöpfe und Rekordschulden sollten doch mehr Gewicht haben als die bisherigen Inhalte zahl- und sinnloser Straßendemonstrationen der letzten Jahre. Ausnahmsweise geht es diesmal nicht um das Krötensterben auf den Galapagosinseln, den gefürchteten Eisbärenhusten in der Arktis, den Gänseblümchenschwund in der Heimgartensiedlung des Herrn Kirschenkern Karli oder die Sorgen kurdischer Viehhändler in Ostanatolien, sondern um unsere Zukunft und die jener Länder, die wir Heimat nennen. Statt sich mit den Inhalten und den Fragen der Hunderttausende von Bürger zu beschäftigen, werden diese von Politikern und Medien pauschal als Idioten, Rechtsextreme, Aluhutträger und Nazis verleumdet, in ihrem Anliegen damit medienöffentlich neutralisiert. Statt sich mit den drängenden Fragen, der Kritik und den Sorgen einer Mehrheit der Protestierer auseinanderzusetzen, arbeitet man sich an einer Minderheit, an unappetitlichen Mitmarschierern ab. Ausgerechnet jene Vertreter politischer Kräfte, die selbst bei den gewalttätigen G-20-Ausschreitungen in Hamburg für die Inhalte der vermummten Schmalspurterroristen von links zumindest Verständnis zeigten, sehen nun angesichts der Corona-Demos die Demokratie in Gefahr. Alles erinnert ein wenig an das Jahr 2015, wo man die aus der „Wir–schaffen-das“-Krise gewachsenen Proteste zuerst lächerlich erscheinen ließ, sie dann kriminalisierte, um heute kleinlaut einzugestehen, dass die zügellose Politik der offenen Grenzen der größte Fehler des mittlerweile abgedankten politischen Systems war. Die Wahrheit ist eben, wie so oft, eine Tochter der Zeit!

3. SEPTEMBER 2020

Als kommunikationstechnisches Fiasko ähnlichen Ausmaßes wie schon die chaotischen Erklärungen rund um die als überbordend empfundenen Lockdown-Maßnahmen erweist sich nun die Diskussion um eine mögliche COVID-19-Impfung. In Österreich kündigen Bundeskanzler Sebastian Kurz und Gesundheitsminister Anschober bereits jetzt vollmundig an, sich mit einem noch nicht einmal entwickelten Impfstoff freiwillig behandeln lassen zu wollen. In Europas Hauptstädten gehen Hunderttausende Menschen auf die Straße, um sich gegen das Gespenst einer Impfpflicht zur Wehr zu setzen. Gerade einmal etwas mehr als ein halbes Jahr lang bewegt nun das Virus aus Wuhan den Globus, die Wissenschaft kennt bis heute nicht die Ursachen, stochert zwischen dem berühmten Fledermauskochtopf am Wildtiermarkt und dem nahe gelegenen Biochemielabor im Trüben, und selbst die Auswirkungen einer Infektion sind nahezu unerforscht. Täglich kommen neue Erkenntnisse hinzu. Die eine Hälfte der Medizin hysterisiert weltuntergangsschreiend weiter, die andere Hälfte kalmiert und diagnostiziert eine bessere Grippe. Selten war die Fachwelt so gespalten. Dem gegenüber steht die Tatsache, dass die Entwicklung eines ordentlichen Impfstoffes samt Durchführung fundierter Studien über Langzeitfolgen mindestens drei bis vier Jahre dauern wird. Wohin pharmazeutische Schnellschüsse führen können, zeigen uns die jahrelang geführten Impfschaden-Prozesse aus den 1970er- und 1980er-Jahren; die große Zahl von behinderten Kindern mahnt zu Vor- und Umsicht. Welcher Teufel nun Politik und Bürger reitet, eine ernsthafte Impfdiskussion bereits in diesem frühen Stadium zu führen, weiß der Geier. Je schneller man sich von der Illusion verabschiedet, eine sichere Schutzimpfung gegen das Coronavirus sei nächstes Jahr am Markt, und je schneller man sich mit der Tatsache abfindet, dass die Menschheit mit diesem Virus – einem von Tausenden – eben leben müssen wird, desto rascher werden sich Gesellschaft und Wirtschaft wieder erholen. Die aus den vergangenen Monaten entstanden Schäden an der Wirtschaft und am Sozialsystem sowie das verloren gegangene Vertrauen der Bürger in rechtsstaatliche Institutionen sind ohnedies kurz- wie mittelfristig irreparabel, und ihre Beseitigung wird uns noch lange begleiten. Hier, auf die Wiederherstellung der alten Normalität, sollte das Hauptaugenmerk aller Verantwortungsträger gelegt werden, nicht auf die Diskussion über abstrakte Impfstoffe, deren Produktion noch in weiter Ferne liegt.

5. SEPTEMBER 2020

Und immer öfter wird die eiserne Schweigemauer der türkisen Message Control mit Meldungen zwischen den Zeilen durchbrochen, wonach es im Koalitionsbett zu Wien ordentlich kracht. Einige fühlen sich schon an die rot-schwarze Streit- und Stillstandskoalition erinnert, doch übertreiben wollen wir jetzt – noch – nicht. Für die kleine Welt Österreichs sichtbar ist aber, dass im Zuge des Corona-Krisenmanagements beide Parteien immer öfter divergierende Positionen einnehmen und auch bereits der Versuchung erliegen, sich gegenseitig coram publico auszutricksen. Der Kanzler startete diese seit Jahrzehnten in türkis-schwarzen Kreisen gepflogene und mit der ideologischen Muttermilch aufgesogene Politik der kleinen, intriganten Nadelstiche gegen den eigenen Partner, auch als Tanz der Gottesanbeterin bekannt, mit einer mehr oder weniger nichtssagenden Rede „zur Lage der Nation“. Einziges Ziel: Desavouierung des kleinen Regierungspartners. Auf dem Fuße folgte Gesundheitsminister Anschober mit einer eigenen Erklärung in der vorigen Woche. Sebastian Kurz kündigte das Ende der Pandemie mit Sommer 2021 an, Anschober prophezeite den Start einer flächendeckenden Corona-Impfung gleich mit kommendem Jänner. Vizekanzler Kogler scheint überhaupt abgetaucht. Hinter den Kulissen wird mittlerweile stundenlang um jede Maßnahme gerauft, es regiert die pure, billige Parteientaktik. Jüngstes Beispiel war die wild umstrittene Verlautbarung, wonach die Bundeshauptstadt Wien, immerhin rot-grün regiert, im Rahmen des neuen Ampelsystems zum Corona-Risikogebiet erklärt wurde. Ein türkiser Affront gegen den eigenen Regierungspartner, der seinesgleichen sucht. Und, so dumm es klingen mag: Die todbringende Krise ist offenbar überwunden, der nationale Schulterschluss beendet. Zumindest politisch regiert wieder die alte Normalität: Jeder gegen jeden, alle gegen die Bürger!

6. SEPTEMBER 2020

War es exakt vor einem halben Jahr die furchterregende exponentielle Kurve, die uns in ihrer medial dargestellten Dramatik Angst und Panik einimpfte, die das Volk gefügig in Schach hielt und den berühmten Dumbasti, den zwar verfassungswidrigen, aber dafür türkisen Babyelefanten gebar, ist es nun der fortgesetzten, spätpubertären geistigen Banalität von Österreichs Kindergärtnern auf der Regierungsbank geschuldet, dass uns die vierfarbige Corona-Ampel in ihrer kindlichen Art und Weise das Fürchten lehren soll. Grün, Gelb, Orange, Rot – die infantilen Farbenspiele von Kurz und Angstschober, die uns rein psychologisch an die bunten Radfahrkurse in der Volksschule erinnern, sollen uns deutlich machen, wer wir, das Volk, eigentlich sind: dumme, kleine, entmündigte Fratzen, die erzogen werden wollen und denen man mit der naiven Sprache die verfassungswidrige und im Fall der Ampel gesetzlich nicht gedeckte Einschränkung der Freiheitsrechte schmackhaft machen will. Auf der Regierungsbank die strengen Eltern, die die Bürger in Worten und Taten zu aufmüpfigen Kindern degradieren, derer man mit Elefanten, Ampeln und Co. Herr werden will. Angesichts dieser neuen Form der Kommunikation einer Regierung mit ihrer Bevölkerung, also diesem Geist einer verkindlichten Bevormundung, warte ich ja nur noch darauf, dass man Grenzstationen aus Legobausteinen baut und Polizisten in Zukunft Ken-Barbie-Police-Puppen nennt.

Aber nun zurück zur Willkür der sogenannten Ampel dieser Regierung: Ohne gesetzliche Deckung, ohne Beschluss des Parlamentes wird dieses vertechnisierte Überwachungskonstrukt, hinter dem in Wahrheit die Willkür, das billige parteipolitische

Gefeilsche von gescheiterten Politikern liegt, flächendeckend installiert. Die Zahl der mit dem Polit-Ebola Infizierten hält sich seit Monaten in der Waage, die Spitäler und deren Intensivstationen sind, zumindest was Corona-Patienten betrifft, leer gefegt. Dem gegenüber stehen die Auswirkungen der politischen Chaos-Maßnahmen, die jene des Virus längst übertroffen haben: Jahrhundertrezession, Einbruch der Wirtschaft, Rückgang des Tourismus, Unternehmenspleiten, Massenarbeitslosigkeit, Schuldenberge, ein Anstieg der psychiatrischen Erkrankungen, Existenzängste und schlussendlich Suizide. Diesem Wahnsinn wird man mit der bisherigen Symbolpolitik nicht begegnen können. Wahrlich, Österreich braucht daher keine Corona-Ampel, wohl eher eine neue Regierung!

8. SEPTEMBER 2020

Mit dem Schulbeginn startet diese Woche auch die große Schlacht ums rote, genauer gesagt: mittlerweile rot-grün marmorierte Wien. Und eines sei gleich vorweggesagt, das Match um Platz 1 ist mangels Herausforderer längst zugunsten der SPÖ mit dem amtierenden Bürgermeister Michael Ludwig entschieden. Die Frage stellt sich nicht, ob, sondern nur mehr, in welchem Ausmaß die Sozialisten ihre Vormachtstellung in der einstigen Hochburg des Arbeitertums verteidigen werden. Der vom türkisen Messias Kurz als Apostel des neuen Weges ins verhasste rote Wien entsandte Nebenerwerbsfinanzminister Gernot Blümel, noch vor einem Jahr als gefährlicher Herausforderer des rot-grünen Irrweges in der Bundeshauptstadt gehypt, kämpft mittlerweile mit der wieder stärker werdenden FPÖ und dem Erbvermächtnis Vassilakous, den in Wien schwächelnden GrünInnen, um Platz 3. Die chaotische Abwicklung der Corona-Hilfsfonds für die Wirtschaft sowie frühdemente Auftritte vor dem parlamentarischen Ibiza-Untersuchungsausschuss haben am arroganten Siegerimage des Kurz-Vertrauten tiefe Schrammen hinterlassen. Zwischenzeitlich stand VP-intern selbst ein Austausch gegen den selbst ernannten rechten VP-Flügelverteidiger, Innenminister Karl Nehammer, zur Debatte. Die Freiheitlichen scheinen ihr vorjähriges Ibiza-Golgatha teils überwunden und die skandalträchtige

Spesenspur ihres gefallenen Übervaters, der nun in der Versenkung der politischen Bedeutungslosigkeit gründelt, hinter sich gelassen zu haben. Der junge neue blaue Parteichef Dominik Nepp mauserte sich binnen weniger Monate, bespielt gekonnt die alten FP-Themen und polarisiert damit. Ein unlängst absolvierter Auftritt in der „ZiB 2" bei Armin Wolf überraschte Freund und selbst Feind positiv. Die GrünInnen, nun mit Vizebürgermeisterin Hebein am Start, bekommen doppelt ihr Fett ab. Die Erfolgsbilanz der grünen Ökotruppe als williges Stützrad der Wiener SPÖ ist bisweilen skurril, wenn man allein an das steuergeldfinanzierte Lulubecken am Wiener Gürtel denkt. Mit Forderungen wie nach einer Entwaffnung der Exekutive werden mehr Wähler verschreckt als gewonnen. Hinzu kommt das Fallbeil der Performance der Grünen auf Bundesebene. Der einstige Shootingstar Rudi Anschober, nun von einem Fettnapf in den nächsten taumelnd und reihenweise gesetzeswidrige Verordnungen erlassend, hat sein Ressort nicht mehr im Griff. Und dann kandidieren auch noch die NEOS, die trotz ihres weitgehend unbekannten Spitzenkandidaten wenigstens von der nun eingetretenen Schwäche der ÖVP wieder profitieren könnten. Spannend wird's in jedem Fall!

10. SEPTEMBER 2020

Eine ganz neuartige Auslegung des Florianiprinzips beobachtet die Menschheit mit Blick auf die Flüchtlingsunterkunft Moria auf Lesbos in Griechenland. Man fackelt zuerst seine eigene Bude ab, um dann die des Nächsten zu übernehmen. Und wenn ich mir die Armada europäischer Gutmenschextremisten und Toleranzfanatiker ansehe, könnten die verdächtigen üblen Brandstifter damit sogar Erfolg haben. Die kriminelle Tat, die Zerstörung des Eigentums Fremder im Wege des gelegten Feuers, führt also auf direktem Wege in die Sozialtöpfe, in die üppigen Susi-Sorglos-Staaten Europas. Ich rekapituliere: Flüchtlinge, nennen wir sie jetzt einmal so, fliehen unter der mehrheitlichen Zurücklassung ihrer Kinder und Ehefrauen vorgeblich aus den Wirren des Krieges, aus ihren zerbombten und ausgebrannten Häusern. Sie finden ein Dach über dem Kopf in Griechenland, keinem „Failed State", sondern einem sicheren und friedlichen Staat der Europäischen Union. Zugegeben, Griechenland hat nach dem mildtätigen Wirken Merkels im Rahmen der sogenannten Griechenlandhilfe, also der Finanzierung der Spekulanten der Deutschen Bank durch alle EU-Steuerzahler, kein Sozialsystem mehr, geschweige denn eine Mindestsicherung oder eine arbeitslose Monatsapanage, auch Arbeitslosengeld genannt. Also wird die Unterkunft abgefackelt, aus den Hilfe suchenden Biedermännern werden, wie schon gesagt, verdächtige Brandstifter. Die Feuerwehr, die die Flüchtlingsunterkünfte heldenhaft zu löschen versuchte, wurde nachweislich von den dort untergebrachten Schutzbedürftigen ganz pazifistisch, wie die armen Hascherln halt sind, mit Steinen beworfen. Und nun zur Reaktion der Gutmenschen Europas, also zu Frau Merkel, Herrn Maas, Herrn Söder, den Sozialisten, den GrünInnen und sonstigen von Rehaugen in die Knie Gezwungenen. Also jenen, die im Falle Deutschlands gegenüber Frankreich eine Reisesperre aussprechen, im Falle Österreichs gegenüber Kroatien inklusive des restlichen Balkans und der Welt am liebsten coronabedingt einen Mauer Marke DDR bauen wollen. Sie schreien nun ganz laut: Macht die Grenzen auf, lasst die Feuerschlucker und Steinewerfer herein! Bravo. Im Hintergrund, ganz still und leise, in seinem millionenschweren Palast zu Ankara, indirekt mit EU-Mitteln finanziert, denn Geld hat bekanntlich kein Mascherl, lacht sich der anatolische Ziegenhändler am Thron des Sultans ins Fäustchen. Denn wie wir wissen, hätte er noch einige Millionen in petto, also ein Heer der Schutzbedürftigen, die er gegen Europa schicken könnte. Eine weitere Posse im Karussell des Wahnsinns!

15. SEPTEMBER 2020

Jede Nation, jedes Volk hat das Recht darauf, ihre bzw. seine Identität, Kultur und Sprache zu bewahren. Und tatsächlich soll es gegenwärtig Nationen geben, die auf ihr sinnstiftendes Wesen stolz sind, diesen Kern ihrer bürgerlichen Gesellschaft verteidigen, ohne einem überbordenden Nationalismus zu verfallen. Es ist offenbar dem schweren Erbe des Nationalsozialismus in Österreich oder auch Deutschland geschuldet, dass Diskussionen über einen überbordenden Multikulturalismus beiden Ländern nicht zugestanden werden und man selbst fachlich argumentierende Kritiker dieser Entwicklung reflexartig als Rechtsextreme oder Rassisten schubladisiert. Auch eine ideologisch motivierte, zügellose Zuwanderung ist offenbar der kollektiven Schuld dieser Schreckensjahre geschuldet. Aber auch im Wissen um die Risiken eines solchen Disputes ist angesichts des Integrationsberichtes 2010–2020 klar und deutlich festzustellen: Österreich schafft sich gerade ab! Wenn der Bevölkerungsanteil der Menschen mit Migrationshintergrund in den letzten zehn Jahren um rekordverdächtige 35,5 % gestiegen ist und die Summe der Zugewanderten nun die Zweimillionengrenze überschritten hat, wenn allein in der „Wir-schaffen-das"-Krise mehr als 118.000 Menschen, in etwa die Einwohnerzahl der Kärntner Landeshauptstadt Klagenfurt, größtenteils unkontrolliert ins Land eingesickert sind, dann sind das nicht die bedrohlichen Zahlen eines Machwerks von Thilo Sarrazin, sondern die statistischen Fakten der offiziellen Behörden. Wenn in allen Schulen Österreichs ein durchschnittlicher Anteil von 26,4 % der Schüler nichtdeutscher Muttersprache ist, in den Großstädten die Schüler deutscher Muttersprache in der eklatanten Minderheit sind, ist es reine Mathematik und weniger ideologische Motivation, zu prophezeien, wohin die Reise in den nächsten ein bis zwei Generationen gehen wird. Wenn manch fremde Bevölkerungsethnien ganze Stadtviertel Wiens oder der Landeshauptstädte als „ihr erobertes Eigentum" betrachten, dann geht die Reise schnurstracks und unwiderruflich in die gänzliche Aufgabe unserer österreichischen Identität, unserer Kultur und – mit Blick auf die mangelnden Deutschkenntnisse der Zuwanderer – auch unserer Sprache. Dann wandelt sich eine ehemals angestammte Mehrheit zur Minderheit. Von dem Zauberwort „Integration" ist spätestens dann nicht mehr zu sprechen, wenn die zu integrierenden Personen die Mehrheit darstellen. „Achte jedermanns Vaterland, aber das deinige liebe", schrieb einst der Dichter Gottfried Keller. Ich weiß nicht, warum es so schwer ist, das Geliebte zu bewahren.

Am schwedischen Wesen kann die Welt genesen! Das von den Angst schürenden Seuchenkriegern verleumdete Land, das nach Lesart unserer Politiker und ihrer Medien schon längst kollektiv dahingerafft sein müsste, feiert dieser Tage wenngleich im Blätterwald negierte, aber dafür beachtenswertere Erfolge. Exakt 13 Personen befinden sich mit gegenwärtigem Stand in Schweden mit weit mehr als zehn Millionen Einwohnern coronabedingt auf einer Intensivstation, die Fallzahlen der Infizierten sind so niedrig wie kaum in Europa, die auf der restlichen Welt verbreitete Panik vor einer gefürchteten „zweiten Welle“ kennt man in König-Gustav-Land nicht einmal vom Hörensagen. Während in Österreich, Deutschland, Frankreich, Spanien und Co. das Damoklesschwert eines zweiten Lockdowns über unseren Köpfen schwebt, entgegen allen anfänglichen Beteuerungen eben kein Licht am Ende des Tunnels sichtbar wird, geht man im Land der mutigen Wikinger ganz locker und cool in den Herbst. Und auch die Wirtschaft erholt sich dort viel rascher als im Rest der Eurozone. Während in Deutschland und Österreich die Jahrhundertrezession mit 12 % voll durchschlagen wird, die größte Wirtschaftskrise samt einhergehender Rekordarbeitslosigkeit im Herbst/Winter die Restbestände der Realwirtschaft in ihren Grundfesten erschüttert, das Budgetdefizit längst explodiert ist, gibt es im blau-gelben Königreich eindeutige Anzeichen dafür, dass sich die Wirtschaft kräftig erholt. Im Vergleich zu allen anderen Ländern vermeldet Stockholm bereits deutlich bessere Werte. Natürlich auf unterem Niveau, denn eine durch den teuersten Fehlalarm der Menschheitsgeschichte ausgelöste Weltwirtschaftskrise macht vor keiner Nation halt. Aber immerhin, Schweden ist ganz offensichtlich den richtigen Weg gegangen. Es wäre daher höchste Zeit, den Schweden Generalabbitte zu leisten. Ganz ohne Weltkriegsrhetorik, drakonische Maßnahmen oder die stückweise verfassungswidrige Aushöhlung der Grund- und Freiheitsrechte durchschreiten sie das Jammertal. So geht Regieren!

Die Geschichte von Corona in Österreich

30. März 2020: „Bald wird jeder jemanden kennen, der an Corona verstorben ist." An demselben Tag vermeldet das kindliche Orakel vom Ballhausplatz: „Die Wahrheit ist: Es ist die Ruhe vor dem Sturm", um mit der Drohung düster nachzulegen: „Studien belegen, dass es in Österreich zu bis zu 100.000 Toten kommen könnte", und mit einem Blick in die totale Apokalypse zu enden: „Österreich steht vor der größten Krise seit dem Weltkrieg."

Nur wenige Tage später prophezeite die messianische Gestalt, das gottähnliche Kind in der Grippe, oder war es doch der Esel, vor dem nahen Osterfest am 6. April 2020: „Nach Ostern gibt's die Wiederauferstehung!" Welch großes Glück, dass wir die blutige Geißelung, die Kreuzigung und die Nägel ausgelassen haben.

Dazwischen reiste Dumbo, der türkise Babyelefant an der Spitze Österreichs, ins Kleinwalstertal, um masken- und abstandslos sein Bad in der Menge der Sekte zu nehmen. Denn seine eigenen Regeln scheren ihn einen Dreck, ebenso dreckig, unsolidarisch und ungesühnt wie das Verhalten des Staatsoberhauptes, der als Sperrstundenverleger beim Nobelitaliener sich über die Gesetze stellte und polizeilich verhaltensauffällig wurde.

Nicht zu vergessen das legendäre Lippenbekenntnis des Ankündigungsriesen: „Koste es, was es wolle", entgegen dem das Epidemiegesetz dann doch geändert und der „Häuptling gespaltene Zunge und langes Ohr" den Entschädigungsanspruch für alle Unternehmen kippte. „Koste es, was es wolle", dessen Einlösung uns der Sprechautomat bis heute schuldig geblieben ist. Eine Million Menschen, Arbeitslose, Kurzarbeiter, Unternehmer, sind der armutsgefährdete Beweis für die Halbwertszeit dieser Ankündigungen und das Ergebnis der frühjährlichen Wach- und Schließorgie, also dieser grün gestützten Renaissance des Austrofaschismus.

Im Sommer kam der Babyelefant auf die Guillotine, der Verfassungsgerichtshof und nicht die Corona-Leugner heben so ziemlich jedes Gesetz und jede Verordnung des Nachtwächterregimes auf der Regierungsbank auf. Seitdem wandelt Rudi

Angstschober durchs Land und entschuldigt sich der Oberpfuscher am laufenden Band für so ziemlich alles, auch für seine nutzlose Existenz in der Regierung. Rasch war im Corona-Kindergarten aber infantiler Ersatz für den Babyelefanten gefunden, die Corona-Ampel, ausgeliehen aus den Radfahrkursen der Volksschüler.

Am 28. August 2020 verkündete der Kanzlerdarsteller: „Es gibt schön langsam Licht am Ende des Tunnels", um nur zwei Wochen später, am 13. September 2020, zu vermelden: „Was wir gerade erleben, ist der Beginn der zweiten Welle." Hurra, die zweite Welle ist da, um das Heer der Arbeitslosen im Herbst und Winter, die Betriebspleiten, ausgelöst durch den ersten Lockdown, einer abstrakten zweiten Welle in die Schuhe zu schieben. Nein, das hat selbst „Corona" nicht verdient. Die Corona-Ampel ist mittlerweile auch Geschichte, die Regierung selbst hat sie ad absurdum geführt. Nun geht's von vorne los, der Kanzler macht Angst, der Angstschober bereitet seine autoritären Pfuschgesetze vor.

18. SEPTEMBER 2020

Grüß Gott aus Österreich!
Oder auch: Grüezi in die Schweiz!

In drei Wiener Gemeindebezirken ist der beliebteste Kindername nicht mehr Josef oder Maria, sondern – wenig überraschend – Mohammed. In Wien-Favoriten marschieren die primitiven Marionetten des Bosporus-Diktators Recep Erdoğan, aus Ankara gleichsam ferngesteuert, auf, terrorisieren unschuldige Bürger und brüllen in die Mikrofone entsetzter Journalisten: „Das ist unser Bezirk." In den Pflichtschulen Ihres Nachbarlandes, liebe Schweizerinnen und Schweizer, also hier in der einst beschaulichen Mozartkugel- und Walzerrepublik, beträgt der Anteil von Schülern nicht deutscher Muttersprache in einigen Städten und deren Bezirken mittlerweile bis zu 90 %. Aber auch ein Blick in ein anderes Nachbarland, ins sogenannte Einzelfallland Angela Merkels, lohnt sich. In Berlin haben Communities ganze Stadtteile übernommen und betrachten diese als ihr Eigentum. In Deutschland gelten seit dem „Wir-schaffen-das"-Jahr Merkels 2015 überhaupt neue Distanzmaße. Eine „Armlänge Abstand" zu mutmaßlichen Vergewaltigern, eine „Machetenlänge Abstand" zu eingebürgerten Messermeuchlern, auf den Bahnhöfen gilt eine „Bahnsteigbreite" zu Menschenwerfern, und vor den einst harmonischen Weihnachtsmärkten sind in allen Metropolen der Europäischen Union Betonpoller aufgebaut, denn es könnte ja ein Lastkraftwagen seine terroristische Blutspur ziehen. Grenzen wurden abgebaut, dafür schützende Barrieren inmitten unserer Städte errichtet.

Liebe Schweizer, blicken Sie Richtung Westen, nach Frankreich. Die Banlieues brennen, Paris und Nizza wurden Ziele terroristischer Anschläge. Erinnern Sie sich doch dieser Tage an die „Je-suis-Charlie"-Bekundungen. Eine Redaktion, die Opfer eines neuen religiösen Fundamentalismus wurde, der sich gewaltsam und invasiv gegen unsere Demokratie, unsere Meinungsfreiheit und unsere Menschenrechte stellt. All diese Beispiele beweisen doch auf dramatische Art und Weise das Scheitern einer in Europa weitverbreiteten Ideologie des grenzenlosen Multikulturalismus, der uns längst die Heimat, den Frieden und die Sicherheit geraubt hat. Heute sind die Länder Europas gesellschaftlich gespalten, die Ränder radikalisieren sich. Politiker in Österreich, Deutschland, Frankreich und vielen anderen Ländern des Kontinentes haben uns direkt vor den Scherbenhaufen einer unkontrollierten, ja zügellosen Integrationspolitik geführt, die am Ende nicht integrierte, sondern nur spaltete. Weil das Establishment das Unintegrierbare integrieren wollte, weil die Eliten gegenüber Intoleranten tolerant sind. Jede Nation, jedes Volk hat das Recht darauf, ihre und seine Identität, Kultur und Sprache zu bewahren. Wir Österreicher bewundern die Schweiz: Weil sie eine Nation ist, die auf ihr sinnstiftendes Wesen stolz ist, den Kern der eidgenössischen Gesellschaft verteidigt, ohne einem überbordenden Nationalismus zu verfallen. Und weil Sie mit der Begrenzungsinitiative selbst über die Zukunft Ihres Landes entscheiden können.

Liebe Schweizer, am 27. September ist Abstimmungssonntag, und ich freue mich, dass Sie die direkte Demokratie wahrhaftig leben können. Und ich weiß: Die Schweiz ist und bleibt in guten Händen, in Ihren eigenen.

Der heutigen Tageszeitung entnehme ich Folgendes: „Volltrottel-Sager gegen Anschober kostet 500 Euro. Minister beschimpft: Therapeut muss Bußgeld zahlen“. Nun, dann legen wir einmal rein prophylaktisch gleich 500 Euro zur Seite, denn die Meinungsfreiheit sollte uns ja durchaus etwas wert sein.

Also: Liebe geistig Scheintote auf der Regierungsbank, liebe Demente und Dilettanten, sehr geehrte Heuchler, Lügner und Chaoten, verehrte Erpresser und Bevormunder, sehr geehrte Gesetzes- und Verfassungsbrecher, liebe Taugenichtse, Korruptionisten und Nepotisten, Privilegienritter, Pfründen- und Proporzbewahrer, hochverehrte Freiheitsräuber, Raubritter, Wegelagerer, Grenzschließer, Maskenfetischisten, erlauchte Wirtschaftsvernichter! Liebe infantile Babyelefanten und Ampelmännchen! Zuallererst: Für Sie gilt die Schuldvermutung!

500 Euro für einen „Volltrottel“. Bevor nun im gesamten Land von aufrechten Menschen solidarische Opferstocksammlungen stattfinden – denn der an sich freie Mensch sagt eben, was er sich denkt, und die Wahrheit kann bekanntlich ja niemals verletzend sein –, darf ich mich an das erlauchte Publikum wenden und fragen, wie man denn Personen tituliert und charakterisiert,

- deren Ankündigungen die Halbwertszeit einer Eintagsfliege haben, deren Maßnahmen ausschließlich auf Willkür basieren,
- die Hochzeiten de facto verbieten, aber Begräbnisse erlauben,
- die Grenzen willkürlich schließen und sich wundern, dass Grenzen für uns geschlossen werden,
- die einen Wettbewerb um Angst und Panik starten und über dessen Ergebnis überrascht sind,
- die die Wirtschaft vorgeblich stützen und in Wahrheit hinrichten,
- die Arbeitsplätze retten wollen und am Ende nur vernichten,
- die 33.000 Strafmandate ausstellen lassen, die allesamt ungültig und gesetzeswidrig sind,

- die Gesetze beschließen und Verordnungen erlassen, die der größte Analphabet besser hätte machen könnte,
- die im Privatleben der Menschen schnüffeln wie ordinäre Fetischisten an fremden Unterhosen,
- die Tausende Hilfsfonds begründen, aber selbst keine Anträge fehlerfrei zustande bringen,
- die sich selbst täglich widersprechen und korrigieren.

Also: Wie nennt man solche Typen? Die Antwort überlasse ich Ihnen, aber die deutsche Sprache kennt Unmengen blumiger Begriffe, die ich mir jetzt nur denke.

22. SEPTEMBER 2020

Das Schattenboxen gegen den übermächtig erscheinenden Drachen von Wuhan, in Wahrheit eine kleine räudige Laborratte, geht nun in die zweite Runde. Die Politik führt wissentlich ihren aussichtslosen Scheinkrieg, den sie nicht gewinnen kann oder will, nimmt aber die durch den Maßnahmenterror produzierten Kollateralschäden dafür umso lockerer in Kauf. An ihrer Seite die altbekannten, teils gekauften oder genötigten, zumindest willfährigen Experten, virologische Kassandras, deren partieller Blick nur der Tilgung eines nicht zu tilgenden Virus gilt, eines von Millionen auf der Welt. In der freien Wirtschaft überlebensunfähige Fachtrottel, die für den ganzheitlichen Blick auf das Gefüge der Gesellschaft einfach nicht geschaffen sind. Woher auch? Denn eine akademische Bildung bedingt eben keine Lebenserfahrung. Mit den täglich servierten Infiziertenzahlen soll der um sein Leben bangende einfache Mensch wieder gefügig gemacht werden, Stück für Stück auf das Domino der Irrtümer vorbereitet werden, das beginnt mit neuen, verfassungswidrigen und chaotischen Maßnahmen, die die ohnedies nur mehr rudimentär aus der sogenannten ersten Welle übrig gebliebenen Betriebe endgültig vernichten. Als ob die hochstilisierte erste Welle nicht genug Schaden gebracht hätte: ausgesetzte Krebsbehandlungen, notwendige Untersuchungen, lebenswichtige Operationen, denn die Krankenhäuser, Kuranstalten, Reha-Einrichtungen mussten ja für COVID-Patienten gänzlich leer gehalten werden. Millionen von Arbeitslosen oder sogenannten künftigen

Arbeitslosen, heute noch Kurzarbeiter genannt. Tausende Betriebspleiten, bei denen die einstigen Inhaber samt den Arbeitnehmern direkt in die Spirale der Existenzangst geführt werden. Garniert ist dieser Suizidcocktail mit Milliardenschulden, zu deren Rückzahlung die nächsten zwei Generationen nicht in der Lage sein werden. Einst freie Bürger, jung wie alt, ihrer Grundrechte verfassungswidrig beraubt, bevormundet und in ihrer Meinungsfreiheit kaltgestellt. Leicht möglich, dass durch die Maßnahmen der Merkels, Kurz und Co. der Welt mittlerweile mehr Menschen das Leben lassen mussten, als das Wuhan-Virus jemals hätte dahinraffen können. Aus Angst vor dem nahen Corona-Tod haben wir kollektiven Selbstmord begangen und wundern uns über die Toten dieser Politik.

Die grauenvollen Vorboten am Horizont sind jedenfalls wieder sichtbar, nicht die künstlich in die Höhe getriebenen Infiziertenzahlen. Kein Tag vergeht, an dem nicht einst gesunde Betriebe in die Pleite schlittern. Kein Tag vergeht, an dem der Weg in die Hölle der Massenarbeitslosigkeit nicht mit hoffnungsvollen Versprechen der sogenannten Retter gepflastert ist. Bis auf Schweden, das Land ohne Angst und Panik, das Land mit steigenden Wirtschaftszahlen, steuern wir auf das letzte Unheil zu und geben einer 08/15-Erkrankung die Macht, die zivilisatorischen Säulen unserer Gesellschaft, die Wirtschaft, die Demokratie, unsere Gesellschaft, die physische wie psychische Gesundheit der Menschen endgültig und auf lange Zeit zu zerstören. Es wird Zeit, den Reset-Knopf zu drücken, die Pandemie für beendet zu erklären. Es wird Zeit, zu erkennen, dass wir mit dem Coronavirus, wie mit Millionen anderer Erkrankungen auch, leben müssen. Denn wir können uns eine zweite Welle schlichtweg nicht mehr leisten. Es wird Zeit, diesem Wahnsinn ein Ende zu bereiten!

24. SEPTEMBER 2020

Die Wahlschlacht um die Bundeshauptstadt nimmt langsam an Fahrt auf, wenngleich sie auch skurrile Züge annimmt. Wiens roter Bürgermeister Michael Ludwig verkleidete sich jüngst als Müllmann und erinnerte dann doch eher an ein unbeholfenes orangefarbenes Teletubby, dem der gesamte Corona-Wahnsinn um die Ohren zu fliegen scheint. Überhaupt bekommen Wiens Sozialdemokraten bei diesem Thema ein gröberes Problem. Einerseits wetteifern sie regelrecht im Chor mit Bundeskanzler Kurz und Gesundheitsminister Angstschober im Angst- und Panikranking rund um „Corona", rufen bei jeder Gelegenheit nach Verschärfungen, andererseits wundern sie sich ob der dramatischen Tatsache, dass Wien nun europaweit als COVID-19-Risikostadt Nummer 1 gilt. Dass der gesamte städtische Tourismus zwischenzeitlich den Bach runtergeht, dass sich die wirtschaftlich desaströse Situation für den gesamten Standort im Herbst/Winter erst richtig verschärfen wird, scheint keinen der Regierungskandidaten zu tangieren. Ganz im Gegenteil, ÖVP-Nebenerwerbsspitzenkandidat und Finanzminister Blümel beschränkt sich derzeit ausschließlich darauf, seine Scheinkandidatur in der Hauptstadt mit winkelschiefen Ankündigungen zu rechtfertigen. Wenn er gewählt werde, und wenn er mit der SPÖ eine Koalition eingehe, und wenn er dann Vizebürgermeister werde, dann erst werde er als Finanzminister zurücktreten, so Blümel in einem formvollendeten Schachtelsatz. Für meinen Geschmack zu viele „Wenns" für einen Kandidaten, dessen oberste Leidenschaft Wien gelten sollte. Längst scheint innerhalb der türkis-schwarzen Landesgruppen paktiert, dass im Falle des Falles der ehemalige Kurzzeit-Hauptverbandschef Biach, Vertrauter des dauerrenitenten VP-Wirtschaftskammerpräsidenten mit SP-Affinität, die Führung in Wien übernehmen soll. Die GrünInnen liegen nun gleichauf mit der FPÖ von Dominik Nepp, mit dem einzigen Schönheitsfehler, dass sich der grüne Steigbügelhalter der SPÖ im Abstiegskampf befindet und die FPÖ binnen weniger Monate doch das Blatt wenden konnte. Der omnipräsente Nepp führt einen klassischen FPÖ-Wahlkampf, noch dazu scheint er seine Truppe massiv mobilisieren zu können. Das Ausländerthema in Wien hat nicht zuletzt mit der Moria-Diskussion eine neuerliche Brisanz bekommen, die FPÖ ist hier eindeutig der Schmied. Die NEOS plakatieren ihre gesamte Bundesspitze, nur der Wiener Spitzenkandidat ist und bleibt gänzlich unbekannt. Und Strache? Der liefert sich in seinem Skandal- und

Privilegiensumpf mittlerweile ein Rennen mit der Bierpartei um den Einzug in den nächsten Spesentopf des Steuerzahlers.

25. SEPTEMBER 2020

Sie scheuen es wie der Teufel das Weihwasser, das Wort: Schweden! Schweden! Das weit entfernte nordische Land, das doch der Stachel im Fleisch jener autokratischen Krisenmanager ist, die die verfassungswidrigen, grundrechtseinschränkenden, wirtschaftsvernichtenden, bevormundenden Maßnahmen einer Wach- und Schließgesellschaft mit der vermeintlichen Rettung der Menschheit rechtfertigen.

März 2020: Ganz Europa geht in den verordneten Lockdown, dreht das Licht aus, begeht Selbstmord. Ganz Europa? Nein! Ein von unbeugsamen mutigen Wikingern bevölkertes Land hört nicht auf, der um sich greifenden Corona-Diktatur, dieser intellektuellen Schweinepest, Widerstand zu leisten. Allerorten werden Betriebe geschlossen, Arbeitnehmer nach Hause geschickt, Schulen verriegelt, das öffentliche Leben eingestellt, Angst und Panik verbreitet, Arbeitslose produziert, der Teufel von Millionen Toten an die Wand gemalt, die Menschheit mit einem Maulkorb, einem besseren Fliegengitter, verhüllt und in ihrer Angst ums nackte Überleben gefügig gemacht. Nur in Schweden nicht. Dort geht man einen anderen Weg, und der nennt sich: Eigenverantwortung, Freiheit, Demokratie, Augenmaß, Besonnenheit, Vernunft! Und nun, sechs Monate später, lohnt sich doch ein Vergleich, den man in Medien nur in einem versteckten Schluss- oder Nebensatz findet: In Schweden ist die Zahl der wöchentlichen Corona-Neuinfektionen pro 100.000 Einwohner seit Sommerbeginn rückläufig. Aber das ist nur ein winziger Bruchteil Wahrheit, denn die journalistischen Stiefelknechte von Merkel, Söder, Kurz und Co. verschweigen uns auch den Rest vom Schützenfest: Deutschland, Österreich – Jahrhundertrezession von fast 13 %, Arbeitslose, Betriebspleiten. Schweden – vergleichbar besser mit nur 7,7 %. Deutschland – täglich 1000 bis 2000 Politebola-Neuinfizierte, das gleiche Bild in Österreich. Schweden – hingegen nicht einmal 100 am Tag. Deren Krankenhäuser leer, die Intensivbetten unbelegt. Deutschland, Österreich – die zweite Welle ist da, der

Lockdown kommt. Ganz ohne furchterregende Weltkriegsbotschaften, ganz ohne die üblichen Krisenmanager, ganz ohne Corona-Ampel, Babyelefant oder Maskenzwang wartet Schweden unbeeindruckt auf das, was kommen mag. Und wir in Resteuropa stehen wieder einmal vor dem Abgrund, in den uns die Hünen und Helden der Krise, unsere Politiker, wie die Lemminge führen.

26. SEPTEMBER 2020

Wundert sich wirklich jemand ernsthaft darüber, dass die Reisewarnungen eines Großteils der europäischen Länder wie Bomben in Österreich einschlagen, wenn ein überforderter und gleichzeitig so aggressiv wie willkürlich agierender Kindkanzler samt seinem Angstschieber im Gesundheitsministerium den Eindruck erweckt, bei Österreich handele es sich um die neue Lombardei? Wundern sich Hotelbetreiber und Gastronomen tatsächlich über die Reisesperren für unser Land, wenn ihr eigener, von ihnen gewählter, heiß geliebter und verehrter Regierungschef selbst über Monate hinweg mit willkürlichen und eigenmächtigen Reisewarnungen in Schrebergartenmentalität nach dem Motto „Der Grippe-Bucklate schimpft den Corona-Hatscherten" agierte?

Liebe Leute! Der türkise Babyelefant im Bundeskanzleramt und sein so willfähriger wie erfolgloser Angstschober im Gesundheitsministerium sehen sich nun mit dem gleichen willkürlichen Wahnsinn konfrontiert, den sie die letzten sechs Monate über regelrecht perfektionierten. War es doch die österreichische Bundesregierung selbst, die inmitten des Hochsommers ohne Not und ohne fachliche Begründung den Kroaten den Sommertourismus verhagelte, unsere Nachbarn als Corona-Sünder verleumdete und Zigtausende Deutsche mehr als 12 Stunden vor den Grenzen Österreichs unter der brütenden Sonne Nordsloweniens regelrecht schikanierte. Sie wundern sich tatsächlich über das Revanchefoul von Deutschland und allen anderen Ländern, über die wir uns als Musterschüler erhoben haben? Nun wendet sich das Blatt gegen Kurz und Angstschober selbst, die Leidtragenden sind aber Österreichs Tourismusbetriebe, unsere Hotels, unsere Gastronomen. Zigtausende Arbeitslose und ein Milliardenschaden drohen unserer Volkswirtschaft, sind die teure Zeche, die uns Kurz und Co. hinterlassen. Und dennoch tut Österreich auch weiterhin alles dafür, dass diese nachhaltige Zerstörung unseres Tourismus ihre Fortsetzung findet. Mit dem gegenseitigen Wettbewerb der Hysterie zwischen dem Bund und den Ländern, einer bald für das gesamte Bundesgebiet auf Orange gestellten Corona-Ampel signalisieren wir medienöffentlich allen Staaten der Erde, dass wir nun der neue Battleground des furchterregenden Wuhan-Virus sind. Mea culpa, mea culpa, mea culpa, schreien wir in formvollendeter Selbstgeißelung all unseren ehemaligen Gästen zu. Zu dieser kommunikativen Meisterleistung kann man nur gratulieren. Und nicht zu vergessen die von einer Wiener Stadtregierung selbst kreierte Fake-News-Meldung, die es selbst in die „New York Times" geschafft hat, Österreichs Spitäler seien zum Bersten mit Corona-Patienten gefüllt. In Wahrheit war es ein Schwerpunktspital, und 60.000 Spitalsbetten in Österreich erfreuen sich gähnender Leere.

Liebe Hoteliers, liebe Wirte!
Wundern Sie sich wirklich, dass keine Unterstützungsleistungen in ihren Betrieben ankommen, wenn wir einen frühdementen Finanzminister und eine Tourismusministerin à la Gundel Gaukeley unser Eigen nennen, die geistig und fachlich nicht imstande sind, einen Antrag bei der EU fehlerfrei einzubringen? Wundern Sie sich wirklich, dass Ihre Betriebe samt Ihren Mitarbeitern den Bach runtergehen, wenn die jüngste Idee der Regierenden eine Art von biblischer Volkszählung im Gasthaus darstellt? Wundern Sie sich wirklich, dass in Ihren Kassen kein Geld mehr ist, wenn die einzige Hilfe eine Mehrwertsteuersenkung auf Umsätze war, die Sie seit März nicht mehr machen? Dann dürfen Sie sich auch nicht wundern, dass dieser Wahnsinn seine Fortsetzung findet! In diesem Sinne: eine lehrreiche Wintersaison. Und vergessen Sie nie, ein Volk bekommt immer jene Regierung, die es auch wählt!

Sie kennen die Bilder noch? Es ist ja kaum fünf Jahre her! Aber sofern Sie es verdrängt haben sollten, rufe ich Sie Ihnen gern ins müde Gedächtnis. Da strömten Menschenmassen, Hunderttausende kleine U-Boote, unkontrolliert, unregistriert quer durch Europa, überschritten ungehindert Grenzen. Kein Pass wurde kontrolliert, kein Name aufgenommen. Mit dem Satz „Wir schaffen das" wurde jede Registrierungspflicht von höchster Stelle pardoniert, denn wie kann man nur, in dieser Situation! Da mutierte ein 25-Jähriger über Nacht zu einem 13-Jährigen, eine Horde Männer wurde in den Medien einfach zu harmonischen Familien umdeklariert, umgepinselt, umgestrichen. Es wäre ja tatsächlich rassistisch gewesen, nach dem Alter, dem Geschlecht oder gar der Herkunft zu fragen. Wie kann man nur?

Und jetzt befinden wir uns in der Gegenwart, im Jahr 2020, in Ihrem Wirtshaus zum dreckigen Löffel, im Restaurant zur Goldenen Gans, an der Bar zum schiefen Turm. Nun werden wir kontrolliert, tauschen gegen einen schnellen Cappuccino unter Wahrheitspflicht unseren Namen, unsere Adresse, unsere Telefonnummer und E-Mail-Adresse ein. Was die Zollwache und die Polizei vor fünf Jahren nicht durften – Sie wissen, wegen der Toleranz warats gewesen –, müssen nun die Wirte besorgen.

Vor fünf Jahren ging es für die Verweigerung der Identität wegen verlorenen Passes direkt in die Sozialsysteme. Heute bekommen Sie eine Strafe. Und zwar eine saftige. Vor fünf Jahren haftete niemand für die Gäste, nicht einmal Merkel, Faymann, Kurz und Co. Heute haftet der Wirt für Sie mit seinem Umsatz, den er schon längst nicht mehr generiert. Die Zollhäuser haben wir abgebaut, dank der panischen Grippen bauen wir den Grenzbalken am Stammtisch wieder auf, da darf der Gast die Unterhose runterlassen.

Vielleicht wäre es überhaupt gescheiter, unsere Zigtausende künftiger arbeitsloser Gastronomen in Zukunft an die Grenze zu stellen. Denn offenbar traut man ihnen ja mehr zu als dem viel beschworenen Rechtsstaat. Ganz mein Humor.

8. OKTOBER 2020

Wenn man den obersten Kaffeesudlesern der Nation Glauben schenken darf, werden die Sozialisten am kommenden Sonntag die rot-grüne Bastion Wien erfolgreich verteidigen. Der künftige Bürgermeister heißt wieder Ludwig, die willfährige und mehrheitssichernde Braut, die sich im faulen Koalitionsbett des Rathauses wiederfindet, entweder Birgit Hebein oder Gernot Blümel. In wenigen Tagen wird die SPÖ das letzte Exil der gelebten Parteibuchwirtschaft Österreichs verteidigen und dem viel zitierten Spruch „Wenn Wahlen etwas ändern würden, wären sie längst verboten" fulminant gerecht werden!

Der Leidensdruck der Wienerinnen und Wiener ist eben noch nicht hoch genug, eine tatsächliche Wende zum Besseren herbeizuführen. Es müssen noch mindestens ein paar Milliarden Euro mehr im nächsten, sich sicherlich auftuenden Korruptionssumpf versinken, vielleicht noch mehr Lulupools an Straßenkreuzungen mit unserem Steuergeld aufgestellt werden, und noch mehr Bezirke – der zügellosen Zuwanderung längst geopfert – zu Glasscherbenvierteln verkommen. Es reicht auch offensichtlich nicht, dass der beliebteste Kindername in einigen Bezirken eben nicht mehr Christoph und Barbara, sondern Mohammed ist und die Kinder deutscher Muttersprache in allen Pflichtschulen Wiens unter Minderheitenschutz stehen. Und die mittlerweile in Serie pleitegehenden Betriebe, der darniederliegende Tourismus in der Bundeshauptstadt und die seit dem Zweiten Weltkrieg einzigartige Rekordarbeitslosigkeit sind dem typischen Wiener auch wurscht, wie man zwischen Eitriger, 16er-Blech und Arschpfeiferl so schön sagt, Hauptsache, die Schüssel am Tisch ist prall gefüllt. Man wählt halt, was man immer gewählt hat, lautet das eigenartige Demokratieverständnis einer mittlerweile geistig erstarrten Masse von Bürgern, denen sprichwörtlich alles egal ist. Oder man geht gar nicht zur Wahl. Frei nach Arik Brauer: Man steckt sein Köpferl in den Sand!

9. OKTOBER 2020

Tausende Betriebe stehen in Wien vor dem Nichts, die Bundeshauptstadt verzeichnet den höchsten Stand der Arbeitslosigkeit seit dem Zweiten Weltkrieg. Der Tourismus liegt darnieder, reihenweise werden den ehrwürdigen Hotels und Gastronomiebetrieben der Stadt die Lichter ausgeblasen. Mehrere europäische Länder haben für dieses Juwel des österreichischen Tourismus eine Reisewarnung ausgesprochen. Das selbst erzeugte Angst- und Panikregime der türkis-grünen Bundesregierung im hysterischen Wettkampf mit der rot-grünen Stadtregierung hat sein Ziel nicht verfehlt. In manchen Stadtbezirken brüllen die Goldjungen des Multikulturalismus auf ihren Kurden- und Türkendemos unverhohlen in die Kameras der Journalisten: „Das ist unser Bezirk." Im gesamten Pflichtschulbereich beträgt der Anteil von Schülern nicht deutscher Muttersprache bis zu 90 %, wer es sich ökonomisch leisten kann, schickt seine Kinder in die Privatschule. Neben einer Dreiklassenmedizin in Wien hat sich unter den Augen der ach so gerechten Sozialdemokraten eine Zweiklassenbildung eingenistet. Bei Jule Verne hieß es: „In 80 Tagen um die Welt". Unter Michael Ludwig kauft man einfach eine Netzkarte um zwei Euro vierzig und pendelt zwischen Tschetschenien, Afghanistan und der Türkei. Auch im Gemeindebau sieht es nicht rosig aus, dieser wird immer mehr zum Konfliktherd ethnisch unterschiedlicher Gruppen. „Seid umschlungen, ihr Millionen", vermittelt die Stadtregierung ihre Art der grenzenlosen Gastfreundlichkeit und kommt dem Bau zusätzlicher Wohnungen nicht mehr nach. Die Folge sind steigende Wohnungspreise, die sich die Wiener nicht mehr leisten können. Der Milliardenskandal rund um das Krankenhaus Nord hat den Steuerzahler ausgesackelt. Die nichtssagenden, gleichsam sinnentleerten, ja verhöhnenden Antworten der Politik auf diese kollektive Existenzbedrohung lauten wie folgt: SPÖ-Bürgermeister Michael Ludwig: „Unser Wien in besten Händen." ÖVP-Gernot Blümel: „Wien braucht türkise Politik." Grüne-Birgit Hebein: „Mehr Grün für Wien." THC-Strache „Mein Comeback im nächsten Spesentopf." Mit Verlaub, ein Gruselkabinett, das der Geisterbahn im Wurstelbrater längst den Rang abgelaufen hat. Eine Überraschung bot dieser Wahlkampf hingegen! Dominik Nepp, den neuen, jungen FPÖ-Chef. Er setzte beharrlich und gegen den größten Widerstand auf jene aktuellen Themen, die den Wienern auf den Nägeln brennen, brachte aufs Tapet, was andere nur allzu gern verschweigen. Ein wahrer Lichtblick im Meer jener, denen alles schon wurscht ist.

9. OKTOBER 2020

Die Heiligen Drei Könige im deutschen Ulm werden reduziert, amputiert viel eher. Der ehrwürdige Heilige Melchior verbannt, auf Betreiben der toleranten und politisch korrekten Kulturkämpfer, diesmal im Talar. Er sei schwarz, der Melchior, welch Überraschung, die Darstellung des Schwarzen in der Krippe zu Betlehem – richtig – rassistisch. Und aus diesem Grund werden die Heilige Drei Könige zurück in die Wüste geschickt, folgen diesmal nicht dem Stern, sondern dem Zeitgeist eines um sich greifenden Virus, das in erster Linie die letzten verbliebenen Gehirnzellen der Menschheit selbst angreift. Folglich wird das Jesuskind als Nächstes dran glauben müssen! Warum? Na, weil es Jude ist. Also ist die Darstellung des Erlösers in einem ordinären Viehstall, auf Stroh im dreckigen Futtertrog, zutiefst antisemitisch. An die Kreuzigung möchte ich noch gar nicht denken. Hoppla, die Tugendterroristen wollen ja das Kreuz eher heute als morgen aus ihrem Orbit verbannen, uns der Geschichte, der Kultur und Religion entkleiden. Und die ehrwürdigen Herren Kirchenfürsten huldigen der Zeitgeistprostitution. Und erst Maria und Maria Magdalena, zwei Frauen, die vor dem Kreuze Jesu knien. Um Gottes Willen! Frauen knien vor dem Leib eines Mannes. Und noch dazu war die Letztere ein gewerbsmäßiges Freudenmädchen. Fürchterlich, das entspricht nicht dem feministischen, dem radikalen, extremistischen, geschlechtslosen Weltenkampf, an dessen Ende nur das *Es* als neues Gott steht. Und die gekreuzigte Heilige Kümmernis erst, eine bärtige Frau, eine antike Transvestitin, die am Kreuze zu leiden habe für die LGBT-Bewegung. Aber bleiben wir bei der Krippe, solange es sie überhaupt noch gibt: Auch Josef und Maria werden möglicherweise verschwinden, getilgt aus der Bibel und den Darstellungen, denn die unbefleckte Empfängnis könnte in den Augen der Tugendwächter als ein schändliches Sinnbild für außereheliche Auswüchse einer vielleicht noch missbrauchten Frau verstanden werden.

Und am Ende verschwinden noch Ochs und Esel, weil sie nicht bio sind und die Nutztiere im Stall überhaupt einen Schlag ins Gesicht der veganen Kellerlacher darstellen könnten. Die zwölf Apostel können wir uns überhaupt schenken, solange es keine verpflichtende Frauenquote gibt. Und den Kuttenbrunser zu Ulm frage ich an dieser Stelle: Haben Sie noch alle Tassen im Schrank?

9. OKTOBER 2020

Lieber Dominik,
Hut ab vor deiner Leistung die letzten Monate in Wien. Ich habe dich und deine aus meiner Heimat stammende Frau vor bald einem halben Jahr hier in der Südsteiermark kennengelernt. Ihr wart mit euren beiden Töchtern zu Besuch, du erinnerst dich, es war ein wunderbarer Nachmittag. Wir diskutierten stundenlang über all die vielfältigen Probleme unserer Gesellschaft, über die Sorgen unserer Mitbürger. Du prophezeitest recht früh dieses wirtschaftliche Fiasko, welches die Regierung mit ihrer Politik der Angst und Panik anrichtet. Aber man glaubte dir nicht, wie auch mir nicht. Und heute müssen wir die höchste Arbeitslosigkeit in der Geschichte seit dem Zweiten Weltkrieg ertragen. Den Untergang unserer Betriebe, diese neue Armut, die durch die Unsicherheit der autokratischen Rechthaberei, diese Arroganz der türkisen Laienelefanten entstanden ist.

Und wir sprachen über das Integrationschaos in der Bundeshauptstadt und jene Worte, die man in Wien an jedem Hauseck hört: „Ich fühle mich in meiner Heimat fremd“, sagen uns Menschen, die seit Jahrzehnten doch nur friedlich leben wollen. Die letzten Monate habe ich dich aus der Ferne beobachtet, aus der nötigen Distanz eines Politkommentators, und ich muss heute sagen: Du machst es großartig. Mit Herz und Verstand, mit unglaublichem Einsatz und Idealismus, hart in der Sache, fair im Ton, treibst du die etablierten Politpuppen vor dir her. Dein Stand war anfangs nicht leicht. Als Masseverwalter des Erbes eines dekadenten Skandalbruders, der anders sprach, als er handelte. Und kommenden Sonntag stehst du vor dieser großen Herausforderung in Wien, das Fundament für eine neue Politik zu legen. Dazu wünsche ich dir alles Gute! Warum? Weil ich erkannt habe, dass du ein anständiger Mensch bist! Alles Gute und toi, toi, toi. Mögen die Wiener mit dir sein.

14. OKTOBER 2020

Der Fisch ist geputzt, wie man so schön sagt. Wien bleibt rot-grün. Bürgermeister Michael Ludwig hat es wie prophezeit geschafft, die Mehrheit der ohnedies schon übermächtig empfundenen SPÖ prozentuell auszubauen. Selbst sein Koalitionspartner, die GrünInnen, schafften Zuwächse. Und so steht einer Neuauflage dieser unheiligen Allianz nichts mehr im Wege. Die Bäume der ÖVP hingegen wuchsen nicht in den Himmel, das noch vor einem Jahr gesetzte Ziel von 25 % wurde klar verfehlt. Aber immerhin, die Türkisen haben sich, wenngleich auch auf geringem Niveau, verdoppelt. Gernot Blümel, der wandelnde Tiefkühlschrank dieses Wahlkampfes, dürfte sich wieder auf seine Funktion als Nebenerwerbsfinanzminister zurückziehen. Möglich wurden diese Ergebnisse für SPÖ und ÖVP durch den dramatischen Verlust der FPÖ. Immerhin zwei Drittel sagten den Freiheitlichen vorerst adieu und wechselten teils in das Nichtwählerlager, teils zu SPÖ und ÖVP zurück. Weniger Ibiza als der Spesenskandal und ein in die Rolle eines Paradequerulanten hineinwachsender Altparteichef in Person von Heinz-Christian Strache waren die Hauptgründe für dieses vorhersehbare Debakel. „Einen Baum, den ich gesetzt hab, den schneid' ich auch wieder um", dürfte das aus der steirischen Mundart entlehnte Motto des egoistischen Vernichtungsfeldzuges Straches gewesen sein. Genützt hat es ihm gar nichts, seine THC ist in der Bedeutungslosigkeit der Wiener Lokalpolitik verschwunden und mit ihm das Sammelsurium der sich darum scharenden Glücksritter. Sein künftiger Platz ist die Anklagebank, dies hätte er auch billiger haben können. Also, Wien hat gewählt. Michael Ludwig bleibt Bürgermeister. Und während die Wahlkampfplakate abgebaut werden, bereitet die Bundesregierung – auch wie prognostiziert – pünktlich nach der Gemeinderatswahl eine Art von zweitem Lockdown vor. Die Gewinner der Wahl sind nicht zu beneiden, denn sie werden Masseverwalter der Post-Corona-Ära.

17. OKTOBER 2020

ACHTUNG, ACHTUNG, das Oberkommando der Virenabwehr reitet wieder auf der Propagandaorgel. Ab 22:00 Uhr wird mit der Sperrstunde zurückgeschossen, tönt aus den öffentlich-rechtlichen Volksverblödern. In der Ouvertüre der Untergangsinszenierung des kommenden zweiten Lockdowns, der aber diesmal selbstverständlich nicht so heißen darf, geben alle ihr Bestes und sprichwörtlich Letztes. Der Gesundheitsnotstand drohe, die Spitäler stießen an ihre Kapazitätsgrenzen, lautet der neueste gespielte Witz aus der Message-Control-Kiste des schwarz-grünen Gruselkabinetts. Man möge sich das auf der Zunge zergehen lassen: Die Kapazitätsgrenze werde durchbrochen, mit gerade einmal 700 belegten Spitalsbetten von 62.000. Also werden Dumbasti, der als Babyelefant verkleidete Kindkanzler, und sein den Gesundheitsminister mimender Volksschullehrer regelrecht dazu gezwungen, dem Land wieder das Licht abzudrehen, die Betriebe wieder zu schließen, Sperrstunden einzuführen, ihr besseres türkises Fliegengitter, an dem die schwarz-türkisen Kriegsgewinnler bestens verdienen, jedem Menschen aufs Maul zu zwingen, Betriebe zu vernichten, Arbeitsplätze zu ruinieren. 700 belegte Corona-Betten von 62.000. Ja, Mathematik war noch nie die große Stärke der Politik, schon gar nicht, wenn das Regierungskabinett von einem beratungsresidenten Studienabbrecher geführt wird. Und zum Beweis für die Minderbegabtheit rücken die türkisen Landeshauptleute aus. Der Salzburger Statthalter des Untergangs Haslauer war der erste: „Die Zahl der belegten Intensivbetten hat sich verfünffacht. In wenigen Tagen droht der Gesundheitsnotstand", impfte der oberste Landeswastel auf Befehl von Wien seinen Bürgern die Angst und Panik wieder ein. Dazu muss man wissen, dass bisher exakt ein Intensivpatient an Corona erkrankt war, jetzt sind es halt fünf. In einem Bundesland mit 180 Intensivbetten. Und auf Knopfdruck zeichnet auch der steirische Amtskollege, Hermann Schützenhöfer, das Armageddon auf. „Die Alarmglocken schrillen in der Steiermark", so die flehentliche Wortspende eines sonst für seinen Mut bekannten Landesvaters, der ja selbst nach der Augustinischen Desinfektionslehre, wonach ein Liter Schnaps und fünf Liter Wein den Virus ohnedies vertreiben, lebt. Aber was schert uns noch die Realität, wenn man ein verängstigtes Volk so vorzüglich am Nasenring führen kann.

19. OKTOBER 2020

Samuel Paty, Familienvater, Lehrer, Franzose. Geopfert der endlosen Toleranz gegenüber Intoleranten. Enthauptet, um Unintegrierbares zwanghaft zu integrieren. Und die Welt? Schockiert wie immer. „Eine Tragödie", „Unvorstellbar", „Wir sind schockiert", wird mühsam, ja schon fast kapitulierend gestottert. Auf offener Straße wurde der unschuldige Familienvater hingerichtet. Ein religiöser Auftragsmord wider unsere Meinungsfreiheit, unser Grundrecht auf körperliche Unversehrtheit. Ein weiterer Anschlag gegen uns, unsere Länder, unser Leben, unsere Freiheit! Samuel Paty, ein Opfer von vielen und stellvertretend für uns alle.

Und der französische Staatspräsident kündigt wieder einmal den Kampf gegen den Terror an. Wie schon damals, als man Jacques Hamel im französischen Saint-Étienne den Kopf abschnitt. Wie schon damals, als Kirchen in Frankreich angezündet wurden. Wie schon damals, als Mireille Knoll in ihrer Wohnung verbrannt wurde. Wie schon damals, als in Nizza Menschen dahingeschlachtet wurden, in Paris der blutige Terror tobte. Und wie schon damals führt die Politik einen Scheinkampf gegen die Wirkung, aber nicht die Ursache. Eine Politik, die sich in leeren Worthülsen ergeht, statt den Grund für diese Gewalt zu benennen, die aus lauter Angst, religiöse Gefühle zu beleidigen, lieber schweigt. Millionen von Menschen weltweit wurden diesem religiösen Fanatismus desselben Ursprungs über die Jahrzehnte hinweg geopfert. Da kapitulieren wir aus Toleranz und Respekt. Es darf aber keine Toleranz gegenüber Mördern geben, es darf keinen Respekt vor Menschen geben, die nur ein Ziel haben: unsere Art zu Leben zu zerstören. Nulltoleranz kennen wir, aber nur im Virenkrieg. Ausgangssperren, Notstandsgesetze, Grenzschließungen, ja sogar U-Haft für Quarantänebrecher. Da sind der Fantasie ob der Auswahl der rechtsstaatlichen Waffen keine Grenzen gesetzt. Im Virenkampf ist alles möglich, alles erlaubt. Im Virenkampf sind sie laut und mutig, die Merkels und Macrons, im Terrorkampf still und feig. Mit „Corona" werden wir leben müssen, mit dem Terror und der Unterwanderung unserer Gesellschaft nicht!

19. OKTOBER 2020

Wo sind denn die Demonstrationen in allen europäischen Hauptstädten? Wo verstecken sich die Hunderttausende von Menschen, die noch vor Monaten – lautstark „Black lives matter" kreischend – durch die Straßen unsere Städte gezogen sind? Wo sind denn die mit Trauerflor versehenen Profilbilder der Hunderttausende von Prominenten und jener, die es zu sein glauben? Ist also das Leben eines französischen Geschichtslehrers, der für unsere Meinungsfreiheit, unsere Demokratie auf unserem Kontinent den Kopf verloren hat, weniger wert als das Leben eines postum heiliggesprochenen Opfers in den fernen USA? Wann werden die Tausende von Diskussionsrunden von „Anne Will" bis „Im Zentrum" über diesen schleichenden Krieg gegen unsere Werte ausgestrahlt? Ich höre keine mahnenden Worte, ich lese keine kilometerlangen Kolumnen in den Tageszeitungen. Ich sehe keine Millionen von jungen Menschen auf der Straße, die für unsere Kultur, unsere Demokratie, unsere Meinungsfreiheit einstehen. Oder ist es euch schon zu kalt? Haben euch eure „Omas gegen rechts" noch keine Pudelmützchen gebastelt? Sind die Sturmhauben vom letzten Mal bereits angerotzt und unbrauchbar? Ist euch das Geld für die bemalten Pappschildchen ausgegangen? Zahlen die Sozialisten und die GrünInnen der Welt für Trauerkundgebungen anlässlich des Mordes an einem unschuldigen, rechtschaffenen Menschen nichts mehr? Ein paar Tausend in Frankreich auf der Straße, der Rest der eitlen Sonntagsdemokraten in Berlin, Wien, London schläft und schweigt, versteckt sich. Macht der antifaschistische Kampf einen Unterschied zwischen den Opfern und den Tätern? Ich verstehe es nicht. Sind Demos nur gegen Herrn Klimawandel und Frau Holle, nur für George Floyd und gegen die Polizei erlaubt? Sind eure Ideale tatsächlich teilbar? War das Leben eines Samuel Paty wirklich so wenig wert, dass man europäische Werte wie Demokratie, Meinungsfreiheit, Trennung von Staat und Religion nicht mehr verteidigen will? Ist der religiöse Wahn, der sich gegen uns richtet, denn kein Faschismus? Seid ihr alle auf einem Auge blind? Erfordert es nicht den wütenden Protest aller aufrechten Demokraten, wenn sich die Gewalt gegen uns, gegen unsere Art zu leben, gegen unsere Werte richtet? Allein das Schweigen der dummen Lämmer zeigt doch, wie heuchlerisch die Welt geworden ist. Es kommt nicht mehr darauf, was gesagt wird, sondern wer es sagt. Es kommt auch offenbar nicht mehr darauf an, wer stirbt, sondern nur mehr, warum man stirbt. Der Name des Opfers des Polizeiübergriffes wird wie eine Monstranz quer über den Globus getragen, das Opfer des islamistischen Terrors morgen wieder vergessen. Zum Speiben, diese Müdigkeit, diese Feigheit, diese Überheblichkeit jener, die sich in Moral und Anstand über andere erheben wollen!

21. OKTOBER 2020

Der steirische Landeshauptmann hört die „Alarmglocken schrillen", sein Salzburger Amtskollege sieht das Gesundheitssystem an die Grenzen gekommen. Der Bundeskanzler, der Chefdirigent der Virenhysterie, malt wieder einmal im Stundentakt den Teufel an die Wand, die „Lage sei ernst". Für alle, die es noch nicht mitbekommen haben: Die Lockdown-Inszenierung ist wieder in vollem Gange. Operiert wird mit in die Höhe schnellenden Infiziertenzahlen, auch die gefürchtete „exponentielle Kurve" wird wieder aus den Archiven ausgegraben. Gänzlich verschwiegen wird hingegen, dass gerade einmal 700 von 62.000 Spitalsbetten in Österreich mit Corona-Patienten belegt sind. Und weiters verschwiegen wird, dass die Politik jeden Tag ziel- und planlos mehr als 20.000 Tests durchführen lässt. Und gar nicht gern hören Kurz, Angstschober und Co, dass mehr als 85 % der sogenannten Infizierten überhaupt gänzlich symptomfrei sind. Die letzten sechs Monate haben statistisch bewiesen, dass die Letalität aufgrund einer Corona-Infektion jener der ordinären Grippe schwer ähnelt. Und dennoch sollen mit einem zweiten Lockdown, der aber diesmal natürlich nicht so heißen darf, die Restbestände unserer Wirtschaft, unseres Tourismus zerstört, die Gesellschaft weiter gespalten werden. War es Anfang 2020 noch der allgemeinen Unwissenheit gegenüber dem neuartigen Virus geschuldet, ist es diesmal beinharter Vorsatz, mit dem das idiotische Quartett auf Bundesebene unser Land endgültig an die Wand fährt. Schon in den letzten Wochen hat die Bundesregierung mit ihrem chaotischen Vorgehen zu verantworten gehabt, dass Österreichs tourismusstarke Bundesländer auf die Corona-Watch-List gekommen sind, halb Europa Reisewarnungen ausgesprochen hat. Nun setzt sich der Wahnsinn fort, an dessen Ende Arbeitslosenzahlen ungeahnten Ausmaßes stehen werden und eine neue soziale Armut die vergleichsweise harmlosen Folgen des Virus selbst um ein Vielfaches übertreffen wird.

22. OKTOBER 2020

Herr Kurz,
ganz abgesehen vom Chaos, das Sie jeden Tag bei Ihren Auftritten im Rahmen des covidiotischen Quartettes stiften: Ihre Gestik, diese Mischung aus Angelas Raute des Schreckens und der selbstbeweihräuchernden Palmwedelhandhaltung einer Evita Peron für Arme, ist dann doch sehr oldschool. Ein guter Rat von mir, gratis: Vielleicht wechseln Sie doch Ihren Rhetoriktrainer, dann wirkt alles nicht so aufgesetzt. Aber nun zu Ihren jüngsten sprachlichen Ergüssen. Das Spitalssystem sei noch nicht in Gefahr, sie tun aber jetzt alles, damit dieses im Dezember nicht kollabiert. Jetzt habe ich eine kurze Verständnisfrage. Seit März, also seit bald acht Monaten, sind Sie in Kenntnis dieser alles dahinraffenden Seuche. Sie selbst haben mit den 100.000 Toten, auf die ganz Österreich noch immer gespannt wartet, selbst zur Panik beigetragen. Aus reiner Fahrlässigkeit oder vielleicht mit Vorsatz, also parteipolitischem Kalkül haben Sie sich mit Ihren drei Panzerknackern aus dem Ministerrat, Nehammer, Flaschengeist Kogler und Angstschober, als Krisenmanager der Stunde selbst stilisiert. Ihr einziger Beitrag: Sie haben Österreich den Stecker herausgezogen, das Land lahmgelegt, die Wirtschaft vernichtet, Arbeitslose produziert, die Verfassung mit Füßen getreten, die Gesellschaft gespalten.

Und wie andere die Unterhosen wechseln, verkünden Sie einmal das Licht am Ende des Tunnels, einmal den schlimmsten Herbst und Winter aller Zeiten. Ihrer offensichtlich schizophrenen Gefühlslage entsprechend. Um uns dann am Ende, wie der verheißungsvolle Weihnachtsengel, eine Impfung in Aussicht zu stellen. Aber zurück zum März: Ihr Ziel war es, das Gesundheitssystem zu schützen. Ihr Schmäh ist es jetzt wiederum, das Gesundheitssystem zu schützen. Wir haben in Österreich ca. 62.000 Spitalsbetten und ca. 2500 Intensivbetten. Haben Sie vielleicht die letzten acht Monate daran gedacht, die im Sparwahn von Ihren Landeshäuptlingen, den berufsmäßigen Weinköniginkrönern und Schnitzelbudeneröffnern, in den letzten Jahren und Jahrzehnten geschlossenen Spitäler wieder zu eröffnen? Ich meine, zig Milliarden Euro haben Sie für gefühlt Tausende Hilfsfonds durch den Kamin geschossen. Mit diesem Geld hätten wir neben jedem Kreisverkehr – von Unterstinkenbrunn bis Gelsenkirchen – ein Spital in Windeseile wiedereröffnen können. Nein, haben Sie nicht? Warum nicht? Ist das fantasielose Einkasernieren der Bevölkerung, das Ruinieren unserer Wirtschaft doch leichter, als sinnvoll zur Bewältigung einer von Ihnen selbst hysterisch beschworenen Krise beizutragen. Herr Kurz, eines garantiere ich Ihnen: Auch Sie werden sich noch verantworten müssen. Denn Bismarck sagte schon, und ich meine nicht den Hering: „Es gibt keine Handlung, für die niemand verantwortlich wäre!"

25. OKTOBER 2020

Die Welt zieht sich selbst also das zweite Mal den Stecker heraus, begeht kollektiven Selbstmord. Die Inszenierung ist glasklar, alles ist wieder auf Schiene, Schritt für Schritt wird das Regime aus Angst und Panik hochgefahren. „Corona ist Ebola, wir werden alle dahingerafft", lautet seit acht Monaten der Inhalt der Legende vom bösen Wolf aus dem Wald von Wuhan. Und sie geht runter wie Öl. Merkel, Macron und Kurz orientieren sich an einer alten Vetriebsmethode: Es steht jeden Tag ein Trottel auf, man muss ihn nur finden. Die Infiziertenzahlen steigen ins Unermessliche, geflissentlich wird verschwiegen, dass mittlerweile alles getestet wird, was nicht bei drei auf den Bäumen ist. Wissentlich wird von einer Tatgemeinschaft aus Politik und Medien regelrecht vertuscht, dass nachweislich 85 % der Infizierten keinerlei Symptome aufweisen. Egal, die Mär von der todbringenden Pest wird aufrechterhalten. Nur 0,2 % der Infizierten, größtenteils schwer vorerkrankt, sterben. Egal, der Teufel wird weiter an die Wand gemalt, muss herhalten für all die Giftzähne, die sich gegen uns richten. Sperrstunden werden verordnet, die ersten Lockdowns werden in Europa wieder vollzogen. Ausgangssperren werden vorbereitet, Bürgerrechte eingeschränkt, die Wirtschaft vernichtet. Das weltumspannende Emblem der Angst ist ein besserer Drecksfetzen, ein ums Maul geschnürtes Fliegengitter, ein Rotzbremsen-Wettex, produziert von den Kriegsgewinnlern. Seine Wirkung geht gegen null. Egal, es wird von einer Masse von Lemmingen getragen, als untertäniges Zeichen der Angst vor dem nahenden Corona-Tod. Reisewarnungen und Grenzsperren verordnen sich all jene Länder, die mit ihrem Latein am Ende sind, sich im Ausmaß des selbst angerichteten Chaos nur mehr in Nuancen unterscheiden. Vor dem Ende des Gesundheitssystems wird gewarnt, ausgerechnet von jenen Politikern, die im Totsparen des Gesundheitswesens einen orgiastischen Wettbewerb sahen. Spitäler schließen, Kreisverkehre bauen – so die Devise der politischen Zeltfesteröffner, die nun die Weltkriegsrhetorik gegen das Virus bemühen. Aber die Stärke der Autokratie bemisst sich eben an der Dummheit und Willfährigkeit eines Volkes. Hände falten, Goschen halten!

27. OKTOBER 2020

„Heimatliebe ist Hundescheiße, hört auf, Österreich zu feiern", publizieren die grünen Nachwuchsterroristen, die sprichwörtlichen Analalphabeten, ausgerechnet am österreichischen Nationalfeiertag ein widerwärtiges Sujet. Aber wen überrascht es? Es kommt doch nur zum Ausdruck, was tief drinnen steckt. Die Verachtung und der Hass auf das eigene Land, die Kultur, die Tradition und die sinnstiftende Identität, und am Ende auch der Hass auf die eigenen Mitbürger. Der Zeitpunkt könnte kaum besser sein, das Sujet der jungen Fäkalkünstler passt wie die Faust aufs Auge. Während die Alten die Gesellschaft spalten, die Grundrechte aushöhlen, die Verfassung brechen, die Wirtschaft vernichten, Arbeitsplätze opfern und das gesamte Land an die Wand fahren, liefern die Jungen das passende Bild dazu. Die grüne Jugend, der geistige Nachwuchs salonfähig gewordener Anarchisten, Berufsdemonstranten und Linksextremer, die dank Gretls Klimawandelkampagne, der Angst und der Panik ob des bevorstehenden Weltuntergangs, nun ihre Ideologie auch an der Regierungsspitze ausleben dürfen. „So sind wir nicht", tönt das einstige Oberhaupt der GrünInnen nun im majestätischen Ambiente der Hofburg bei jeder Gelegenheit und schweigt sich angesichts der Auswüchse seiner durchgeknallten Jutesackembryos elegant aus. Sonst bei jeder Hasstirade des siebten Zwerges hinter dem siebten Berg zur Stelle, schweigen Staats- und Regierungsspitze, wenn die offizielle Vorfeldorganisation einer Regierungspartei ihre Hasstiraden auf Nation und Volk in Form von gequirlter Hundescheiße loslässt. Und der Steuerzahler finanziert diesen Dreck. Denn: Pecunia non olet, Geld stinkt im Gegensatz zum publizierten Hundstrümmerl nicht und wird im Rahmen der Jugendförderung großzügig an den Parteinachwuchs ausgezahlt. Und die Alten, die sitzen auf den Regierungsämtern des verschissenen Landes, kassieren von den verschissenen Steuerzahlern des so verachteten Volkes. So sind wir nicht, aber dafür die situationselastischen Ideologen in Grün. Herr Kogler, Herr Van der Bellen: „Wer schweigt, stimmt zu", sagte schon der alte Lateiner. Aber sei es drum. Es kommt doch offenbar nur heraus, was in Ihren Kreisen bereits mit der Muttermilch verabreicht wird: der Hass auf das eigene Volk.

29. OKTOBER 2020

Wien wird rosarot! Die mächtigen roten Flächenbezirke haben sich mit Michael Ludwig gegen den ohnedies schon verstümmelten linken Fundiflügel durchgesetzt und verhandeln nun mit den neoliberalen NEOS über eine neue Regierungskoalition in der Bundeshauptstadt. Ohne das Ergebnis vorwegnehmen zu wollen, aber der Sieger heißt: Michael Ludwig! Sein strategisches Ziel ist es, die Bundeshauptstadt als Bollwerk gegen die Versager und Dilettanten in der türkis-grünen Bundesregierung in Stellung zu bringen. Und nachdem die GrünInnen am momentanen Chaos in Österreich einen gehörigen Anteil haben und die letzten zehn Jahre in Wien auch nur mit müden PR-Gags aufgefallen sind, hat der rote Stadtchef sein einstiges Anhängsel endgültig und stilecht im grünen Lulubecken am Wiener Gürtel versenkt. Frau Hebein ist Geschichte, mit ihr nach zehn Jahren auch das linke Romantikprojekt eines rotgrünen Wiens. Was nun im Lager der Ökoterroristen folgt, sind interne Flügelkämpfe und Personaldiskussionen. Die SPÖ und die NEOS hingegen befinden sich in einer Win-win-Situation: Die SPÖ stellt ihr Wien gegen den Bund neu auf, kann aus vollen Rohren gegen die ÖVP und die GrünInnen schießen. Die NEOS als kleinerer Koalitionspartner sind genügsamer, berechenbarer als die grüne Anarchotruppe, wo eine Hand nicht weiß, was die andere tut. Der Vorteil für die NEOS liegt auch auf der Hand: Sie sind mit ihrer Ankunft an den Schalthebeln der Macht der größten Stadt Österreichs salonfähig gemacht, spielen somit auch in den Koalitionsvarianten auf Bundesebene in Zukunft eine größere Rolle. Und sie werden ihrer Rolle als liberalere ÖVP gerecht, können die Türkisen in Zukunft doch einige Stimme kosten. Apropos ÖVP: Neben den GrünInnen schauen auch noch die Türkisen recht „dumm aus der Wäsch“. Obwohl zweitstärkste Kraft, werden sie keine einzige Stimme in konkrete Politik ummünzen können. Ihr Nebenerwerbsspitzenkandidat Gernot Blümel hat sich längst wieder auf seine undankbare Rolle als Finanzminister zurückgezogen, hinter ihm die personelle Sintflut, wofür die Wiener Landesgruppe sattsam bekannt ist. Und noch etwas kann die ÖVP eben nicht: Opposition. Derweil stellt Dominik Nepp seine FPÖ in aller Seelenruhe neu auf und macht – um den glücklosen Skandalbruder Strache befreit – das, wofür eben die Blauen seit Jahrzehnten bekannt sind, Brachialopposition. Eigentlich alles Gewinner, außer Sebastian Kurz und Werner Kogler. Abschließendes Fazit: Michael Ludwig hat alles richtig gemacht, und das ganz ohne Pamela Joy Rendi-Wagner.

Herr Kurz, kürzlich – welch Wortwitz – verlautbarten Sie folgenden Satz: „Wir werden nicht zulassen, dass in Österreich Ärzte darüber entscheiden müssen, wer behandelt wird und wer nicht!"

Herr Kurz, vollkommen richtig! Aber hier meine bescheidene Frage, untertänig vorgetragen: Was haben Sie eigentlich die letzten acht Monate über tatsächlich zur Stärkung und zum Ausbau des Gesundheitssystems beigetragen? Gut, Sie haben vor acht Monaten einen fantasie- und sinnlosen Lockdown verordnet, da Sie der irrigen Annahme waren, bei Corona handele es sich um Ebola. Sie erinnern sich an Ihre eigenen Worte? 100.000 Tote wird Österreich verzeichnen, jeder wird wen kennen, der an Corona verstorben ist. Die Folge Ihres fortgesetzten Weltuntergangsszenarios: Zig Milliarden Euro Steuergeld durch den Schornstein geblasen, eine Million Menschen in Kurzarbeit oder Arbeitslosigkeit, Konkurse und Betriebspleiten, wohin man nur sieht. Der positive Effekt? Ihre Umfragewerte stiegen, denn der durchschnittliche einzellige Österreicher ist ja ein gelernter Gefangener, ein Sadomasochist; man könnte fast sagen, das Stockholm-Syndrom liegt in unserer nationalen Genetik. Je autoritärer, desto besser. Ja, das war immer schon so. In Zukunft sollten Sie bei Ihren Wahlkämpfen keine Feuerzeuge mehr verteilen, sondern schlichtweg Peitschen. Das wäre doch mal was, statt eines Wahlauftaktes kollektive öffentliche Selbstgeißelung Ihrer duckmäuserischen Anhängerschaft. Nun, acht Monate später, ist mittlerweile in der gesamten Fachwelt außer Streit gestellt, dass Ihre damaligen Worte allesamt Lug und Trug waren. Das Coronavirus werden 99,8 % der Menschheit überleben, 95 % entwickeln nach einer Infektion nicht einmal Symptome. Und nun zurück zu Ihrem neuesten Schmäh, der dem Drohszenario für den zweiten Lockdown nur zu gut dient: Wir müssen den zweiten Lockdown verordnen, weil wir nicht die Menschen schützen, denn das Virus ist eben vergleichsweise harmlos, sondern unser Gesundheitssystem. Herr Kurz, was haben Sie eigentlich die letzten acht über Monate getan, außer den Menschen Sand in die Augen zu streuen, Angst und Panik zu schüren? Herr Kurz, was haben Sie eigentlich acht Monate lang getan, außer mittlerweile wöchentlich entweder sinnentleerte Pressekonferenzen zu geben oder die Verfassung zu brechen, die Freiheit der Menschen einzuschränken? Was haben Sie die letzten acht Monate über für unser Gesundheitssystem konkret getan, außer süffisant zu grinsen, während Sie unsere Gesellschaft weiterhin spalten, die Wirtschaft ruinieren, Arbeitsplätze vernichten? Keinen einzigen Spitalsstandort haben Sie wieder geöffnet, nachdem Ihre dauerilluminierten Landeswasteln diese im Laufe der letzten Jahre in einer Sperrorgie vernichtet haben. Kein einziges Intensivbett haben Sie neu schaffen lassen, nachdem Ihre eigenen Funktionäre sich die letzten Jahre über nahezu erotisierend gerühmt haben, die teuren Intensivbetten abgebaut zu haben. Und heute, Herr Kurz, sorgen gerade Sie sich um unser Gesundheitssystem, schließen die Menschen wieder ein? Daher sage ich Ihnen jetzt etwas: „Wir werden nicht zulassen, dass ein Studienabbrecher darüber entscheidet, wie unser Gesundheitssystem aussieht! Wir werden nicht zulassen, dass ein Volksschullehrer unsere Wirtschaft zerstört. Wir werden nicht zulassen, dass uns ein Flaschengeist im Amt des Vizekanzlers die Freiheit raubt!“

31. OKTOBER 2020

Mannhaft und tapfer kämpft Europa den Virenkrieg. Und während die Menschheit durch das kleine Wuhan-Virus und die Schwächen eines endoptimierten Gesundheitssystems abgelenkt ist, findet der wahre, blutige und tödliche Krieg gegen uns auf einem anderen Schauplatz statt. Nicht in den Medien, nicht auf den Titelseiten der Zentralorgane der hirnlosen Umerziehung, sondern auf unseren Straßen, in unseren Kirchen. Nachdem Samuel Paty in einem Vorort von Paris durch einen 18-jährigen Tschetschenen seinen Kopf verloren hat, mussten nun in Nizza weitere drei Menschen von der Hand eines 21-jährigen Tunesiers – eingereist übrigens über die berühmte Mittelmeerroute – sterben. Völlig unbemerkt von der medialen Weltöffentlichkeit, um nicht zu sagen vertuscht, wurde übrigens vor wenigen Tagen in Dresden ein homosexuelles Paar von einem 20-jährigen Syrer, der 2015 angelockt durch Muttis

Schalmeientöne nach Deutschland gekommen war, angegriffen. Ein Mann verstarb nach dem Wirken dieses ehemaligen unbegleiteten Minderjährigen. Die Homosexualität verletzte die religiösen Gefühle des Attentäters. Nun sind die Opfer tot und kopflos wie dieses Europa, wie dieses Frankreich, Deutschland und Österreich, die mit ihrer Politik ja regelrecht für die gewalttätige Unterwanderung unserer Gesellschaft sorgten und nach wie vor sorgen. Und in Wien stürmt eine Auswahl anatolischer Nachwuchsziegentandler des Terrorpaten vom Bosporus eine Kirche und schändet diese. Und immer wieder der gleiche Ruf, der die Gewalt gegen uns, unsere Werte, unsere Gesellschaft, unsere Demokratie, unsere Menschenrechte einleitet: „Allahu akbar!" In Frankreich ruft der Staatspräsident den „Krieg gegen den Islamismus" aus, den hohlen Worten folgen nur keine Taten. In Wien poltern der Babykanzler und sein Innenminister laut gegen die Auswüchse ihrer eigenen Politik, auch hier das gleiche Bild, den Presseerklärungen folgen keine Taten. Und in Berlin legt die Raute des Grauens ihre blutigen Hände in den Schoß, schweigt ob ihrer Verantwortung von 2015, denn wenigstens die deutsche Waffenindustrie soll noch ihre Geschäfte mit der Türkei machen, wenn schon die restliche Wirtschaft und Gesellschaft dem abstrakten Virenkrieg geopfert wurde. Und wer überlebt, darf sich dann dem täglichen Kampf gegen den Islamismus stellen. Europa im Jahre 2020 und seine angekündigten Kriege, die mangels Waffen verloren werden. Aber ich will Sie nicht ablenken. Nun können Sie sich wieder vor „Corona" fürchten!

4. NOVEMBER 2020

Der Lockdown als Ausdruck des uns alle beherrschenden, überbordenden „Virenkrieges" ist der falsche Weg, ich bleibe dabei! Vollinhaltlich! Weil er einer vergleichsweise harmlosen Virus-Pandemie, einem von Millionen Risiken für unsere persönliche Gesundheit, das nun selbst laut den offiziellen Zahlen des WHO-Bulletins 99,8 % der Menschheit überleben lässt, die Macht gibt, unsere Gesellschaft zu spalten. Weil es den Regierenden die Macht gibt, die Wirtschaft zu vernichten, Grundrechte auszuhöhlen, die Freiheit einzuschränken und die Verfassung zu brechen. Weil die Kollateralschäden eines Lockdowns erwiesenermaßen psychisch wie physisch, ökonomisch wie sozial, kulturell und gesellschaftlich für die Bürger unseres Landes weit tragischer ausfallen als die Gefährlichkeit des Virus selbst. Weil der nun zum zweiten Mal verkündete Irrweg eines brachialen Lockdowns uns nur vorgeblich vor einem hysterisierten Virus schützt, aber in Wahrheit die latenten Schwächen des endoptimierten Gesundheitssystem kaschiert, über Jahre hinweg von den gleichen Politikern zu Tode gespart, die es nun vor dem Kollaps ehrenwert retten wollen. Weil eine verantwortungsvolle, demokratisch fundierte Politik immer, und ich betone immer, einen vernünftigen Weg gehen muss, sowohl das Risiko als auch die Freiheit des Einzelnen im guten Gleichgewicht zu halten. Zugunsten der Freiheit des Individualverkehrs nehmen wir in Kauf, dass es Verkehrstote gibt. Zugunsten der Freiheit des Einzelnen zu rauchen, zu essen oder trinken was er will, nehmen wir als Gesellschaft in Kauf, dass es Krebs-, Diabetestote gibt, wir Herzinfarkte und Schlaganfälle verzeichnen. Denn das Gegenteil dieser dem einzelnen Bürger eingeräumten Freiheit auf Basis unserer liberalen Demokratie wäre eben ein autoritäres Staatsgebilde, das in allen Lebensbelangen den Bürger vorgeblich „zu seinem Wohl“ zwingt, erpresst, bevormundet und unter Strafe stellt! Und als Demokrat, als freier Mensch mit logischem Hausverstand möchte ich in einem solchen Land nicht leben!

6. NOVEMBER 2020

Es kam, wie es kommen musste, wie seit Jahren davor gewarnt, wie prophezeit wurde. Der Terroranschlag in Wien entreißt unserem Land nun endgültig den Titel „Insel der Seligen“. Österreich wurde mit einem hohen Blutzoll und auf dramatische Art und Weise daran erinnert, ja regelrecht wachgerüttelt, dass die Gewalt, der religiöse Extremismus und schlussendlich der Tod vor unseren ohnedies offenen Grenzen keinen Halt macht. Noch viel schlimmer: Unserem Land wurde vor Augen geführt, dass der Keim der Radikalisierung hier mitten unter uns, ganz offen, ungeniert und für alle sichtbar wächst und sich schlussendlich in einem unfassbaren Gewaltakt – vollendet durch eine amtsbekannte Zeitbombe – entfaltet. Nun sind wir tatsächlich eins im Schicksal mit Berlin, Nizza, Paris, London, Madrid und den anderen europäischen Hauptstädten, die seit Jahren unter einer gewaltsamen Unterwanderung leiden müssen, deren öffentliche Plätze und Gebäude Festungen gleichen. Als Preis dafür, dass man Unintegrierbares integrieren will, mussten in Wien Menschen sterben. Als Preis dafür, dass man Intolerante tolerieren will, wurde unschuldigen Bürgern ihr Leben genommen. Die Stadt und das Land stehen unter Schock, die Angehörigen trauern um ihre Toten, Menschen bangen um ihre Freunde und Verwandten in den Spitälern. So konfus sich diese Nacht des Grauens für uns alle nach wie vor darstellt, so einfach sind in Wahrheit die Ursachen: Wir haben weggesehen! Der Täter präsentiert sich postum als schlimmster Beweis für das Versagen des Rechtsstaates, der Integrations- und Sicherheitspolitik und steht gleichsam ad personam im Widerspruch zu all den hohlen Worten und Ankündigungen der aktuellen politischen Führung und jener der letzten Jahre. Ein 20-jähriger Doppelstaatsbürger, dessen Doppelstaatsbürgerschaft es gar nicht geben dürfte, radikalisiert sich in einer amtsbekannten Moschee Wiens, die seit Jahren geschlossen gehört hätte. Er lebt in einem Gemeindebau, zu dem er angesichts seines Strafregisterauszuges keinen Zugang haben dürfte, und bezieht Sozialhilfe, die angesichts seiner extremistischen Vorgeschichte einer Verhöhnung all unserer Grundsätze gleichkommt. Er zieht für den „Islamischen Staat" in einen Krieg, wird gefasst und verurteilt und trotz des aktenkundigen Wissens um seine terroristische Vorgeschichte vorzeitig entlassen. Auch eine Tatsache, die vielen Menschen im Land den Glauben an die Justiz und den Rechtsstaat raubt. Auf freiem Fuß wird er, der Gefährder, entgegen aller Reglements nicht mehr observiert. Auch das verordnete „Resozialisierungsprogramm" – als ob ein solcher Kurs jemals religiösen Fanatismus besiegen könnte – scheitert wenig überraschend. Folgerichtig versucht er in diesem Sommer, während Österreichs Sicherheitsbehörden von der Regierung auf Corona-Jagd geschickt werden, sich in der Slowakei Waffen und Munition zu besorgen. Eine Tatsache, die zwar den slowakischen Geheimdienst in Alarmbereitschaft versetzt, aber in guter alter bürokratischer Tradition in Wien in den Schubladen des Innenministeriums verschimmelt. Die Zeitbombe tickt völlig unbehelligt von den Behörden weiter und explodiert in der Nacht von Montag auf Dienstag in Wien. Der Bundeskanzler und sein Innenminister rufen den Kampf gegen den Terror aus, zum wiederholten Male. Hohle Worte angesichts der Tatsache, dass der von diesen beiden repräsentierte Rechtsstaat die Instrumente für einen solchen Kampf fahrlässig oder vorsätzlich ungenutzt lässt. Ihr habt weggesehen!

9. NOVEMBER 2020

Aufatmen in Europa, Joe Biden hat gewonnen. Das seit Monaten vorgetragene Stoßgebet der europäischen Nomenklatura gegen den Stars-and-Stripes-US-Himmel wurde gottlob erhört, der vormalige Vizepräsident von Barack Obama hat nun selbst das Weiße Haus erobert und Donald Trump vorerst in die Wüste geschickt. Die justiziellen Nachwehen dieser Wahl werden uns wohl noch einige Wochen lang begleiten, denn die größte Demokratie der Welt machte bei dieser Wahl nicht unbedingt eine gute Figur. Was weniger an einem von Trump selbst ins Spiel gebrachten flächendeckenden Wahlbetrug liegt, sondern eher an der Tatsache, dass für die USA eben das Meldewesen und die darauf aufbauende Abwicklung einer fehlerlosen Wahl ein Fremdwort ist. Auch, wenn sich Trump vor den Gerichten in beeinspruchten Einzelfällen durchsetzt, es wird sich am Gesamtergebnis nicht viel ändern. Zu groß ist der Abstand der Wahlmänner, den Joe Biden zwischen sich und dem amtierenden Präsidenten geschaffen hat. Das Wahlergebnis in absoluten Stimmen ist hingegen an Dramatik kaum zu überbieten. Die USA sind in zwei Lager gespalten! Mag Donald Trump ein erratischer Clown gewesen sein, seine außenpolitische Bilanz kann sich sehen lassen. Die Befriedung Israels mit den muslimischen Staaten des Nahen Ostens ist keinem Amtsvorgänger gelungen. Er gilt als erster US-Präsident der jüngeren Geschichte, der keinen Krieg angezettelt hat. Und er hat auch innenpolitisch zumindest einen Großteil seines Wahlprogrammes von 2016 wie versprochen abgearbeitet. Für Europa war Trump hingegen der Super-GAU schlechthin. Mit seiner

Politik des „America First“ offenbarte er in der Wirtschafts-, Außen- und Sicherheitspolitik die Abhängigkeit Europas von den USA. Und gerade Trumps ablehnende Haltung gegenüber dem alten Kontinent wäre die letzten vier Jahre über die große Chance gewesen, eine eigenständige europäische Außen- und Sicherheitspolitik zu formulieren. Wir haben diese ungenutzt verstreichen lassen. Nun haben Merkel, Macron und Co. mit Biden wenigstens wieder einen Big Brother über dem großen Teich gefunden.

12. NOVEMBER 2020

Herr Kurz,
ein Innenminister, der die Terroristen frei herumlaufen lässt, seinen Glückshafen nicht im Griff hat, seine Behörden unter seiner Hand versagen lässt, und das Ergebnis sind vier Tote. Eine Justizministerin, die lieber ihre grünen Orchideenthemen wie „Hass im Netz“ pflegt, und unter ihren Augen ein Terrorist, der von ihrer Justiz vorzeitig entlassen, ja gleichsam rechtsstaatlich eingeladen wird, sich im „Mord auf der Straße“ zu üben. Ein Finanzminister, der die Nullen im Budget vergisst, im Zustand partieller geistiger Mondfinsternis seines Laptops abschwört und sich überhaupt – offensichtlich angegriffen durch das in türkisen Kreisen weit verbreitete Waldheim-Syndrom – an nichts mehr erinnern kann. Ein Verstaatlichtenchef, der koksend delikate Fotos verschickt, sich damit erpressbar macht und nach wie vor im Amt ist. Ein Gesundheitsminister, vulgo Volksschullehrer, der nicht einmal imstande ist, eine verfassungsrechtlich konforme Verordnung zu erlassen, von der Rechtschreibung und der Grammatik einmal ganz abgesehen. Eine Regierung, die zwar vor „Corona“ warnt, die Gesellschaft spaltet, die Wirtschaft zerstört, als sei es Ebola, aber seit acht Monaten das Gesundheitssystem nicht hochfährt. Ein Finanzminister und eine Wirtschaftsministerin, die zwar fast täglich Hilfspakete ankündigen, aber deren Gelder nicht bei den Betrieben ankommen. Eine Regierung, die vorgeblich unsere Gastronomen unterstützt, der Hauptprofiteur der Gastrohilfen ist aber in Wahrheit der Schachtelwirt McDonald’s. Sehr passend übrigens zu Ihrem McDo-Witzekanzler, dem grünen

Flaschengeist. Herr Kurz, Moral, Anstand, Respekt, Vernunft, Expertise, Qualität, Verantwortung, politische Hygiene – all das und vieles mehr wird in dieser Ohrwascheldiktatur über Bord geworfen. Nämlich unsere Zukunft. Und wenn dies der „neue Weg" Ihrer „neuen Normalität" ist, dann war der alte Weg erwiesenermaßen der bessere. Niemand verlangt von Ihnen und Ihrer Regierung, das Rad neu zu erfinden, aber bis auf Ihren mäßig funktionierenden Etikettenschwindel haben Sie und Ihre Mannschaft offenbar nichts zu bieten. Das ist keine Regierung, das ist ein Zustand. Das sind keine Ministerien, sondern Gulaschhütten. Packen Sie doch alle Ihre Koffer und gehen Sie – über welchen Weg auch immer – dorthin zurück, wo Sie hergekommen sind, und lassen Sie das Volk wieder selbst bestimmen, welchen Weg es gehen will.

18. NOVEMBER 2020

Der harte Lockdown ist – nach Wochen des „weichen" Lockdowns – wieder da. Das gesamte wirtschaftliche und gesellschaftliche Leben steht still, nichts geht mehr. Und auch die Überraschung hält sich in Grenzen, zumal der gelernte Österreicher doch die letzten acht Monate hindurch eindrucksvoll vor Augen geführt bekommen hat, dass die künftige Realität konträr zu den vergangenen Ankündigungen der Regierung stehen würde. Waren es doch der Kanzler und der Gesundheitsminister höchstselbst, die einen weiteren Lockdown gebetsmühlenartig in Abrede gestellt haben. Gefühlt Tausend Ankündigungen von „Licht am Ende des Tunnels" bis hin zu „Einen weiteren Lockdown verkraftet unsere Wirtschaft nicht" wurden in den unzähligen Pressekonferenzen der Regierung getätigt. Während das Volk mit der Polit-PR bespaßt wurde, geschah im „endoptimierten", also zu Tode gesparten Gesundheitssystem – nichts. Jahrelang wurden Spitäler geschlossen, Intensivbetten eingespart, Mediziner dank der bei uns vorherrschenden Arbeitsbedingungen regelrecht ins Ausland verjagt, Pflegekräfte nicht ordentlich entlohnt. Statt über die letzten acht Monate das Spitalssystem hochzufahren, die exzellent funktionierenden Privat- und Ordenskliniken, die Reha-Einrichtungen und Kuranstalten in eine Betten- und Therapielogistik einzubinden, warteten Kurz und Angstschober, die Hände untätig im Schoß liegend, darauf, dass die ohnedies ausgehungerten öffentlichen Spitäler an ihre Grenzen geraten. Nein, nicht das zu Ebola stilisierte und hysterisierte „Corona" macht uns zu schaffen, denn Pandemien wird es immer geben, sondern ein Gesundheitswesen, das – immer am Rande des Abgrundes operierend – auf solche Eventualitäten schlichtweg nicht mehr vorbereitet war und ist. Für dieses eindeutige politische Versagen, die Untätigkeit der vergangenen Monate, zahlen nun alle Arbeitnehmer, alle Unternehmer, die Kinder, die Familien, jeder Bürger unseres Landes die Zeche. Einen immateriellen und materiellen Schaden, den kein Ökonom mehr beziffern, den kein Staatshaushalt je mehr ausgleichen kann.

21. NOVEMBER 2020

Merkel, ein Land, in dem man IS-Terroristen in Hartz IV belässt, Gefährder nicht abschiebt, sondern frei auf die Menschheit loslässt, in dem die Exekutive dem alltäglichen „Einzelfall" nicht mehr Herr wird, aber Wasserwerfer und Tränengas auf das eigene Volk richtet, unbescholtene Bürger verletzt, sie ihrer Grundrechte gewaltsam beraubt, die Integrität der körperlichen Unversehrtheit nicht gewährleistet, ist ein Unrechtsstaat. Gut, Merkel, damit haben Sie ja Erfahrung. Dieses bereits in Ihren Breiten auch von Ihnen gelebte Unrecht, fälschlich als Deutsche Demokratische Republik bezeichnet, wurde Ihnen ja mit der Muttermilch mitgegeben. Die Bilder wiederholen sich, sind verheerend und gleichsam ein Sinnbild für eine Demokratur, in der sich die Volkvertreter „zum Schutze des Volkes" mit Gewalt vor dem Volk schützen. Die Geschichte wiederholt sich eben, 2015 ähnliche Bilder, als Bürger gegen Ihre Politik des „Wir schaffen das" auf die Straße gingen, das von Ihnen zu Recht erhobene Unrecht bekämpften. Verächtlich gemacht, verleumdet wurden sie, und am Ende, denn die Wahrheit ist eben eine Tochter der Zeit, gab ihnen die Geschichte recht. Übrigens: Ihre Worte, wonach man gegen die 2015er-Armada keine Wasserwerfer und Tränengas einsetzen durfte, weil es inhuman gewesen wäre, aber nun wird die Polizei auf das eigene Volk gehetzt – all das ist Ihre Heuchlerei, die Sie halt meinen. Diese Geschichte, die sich nun wiederholt. Als Aluhutträger, als Verschwörungstheoretiker werden Bürgerinnen und Bürger, Steuerzahlerinnen und Steuerzahler Ihres Landes ihrer ernst zu nehmenden Kritik beraubt, ihrer Menschen- und Grundrechte enthumanisiert. Die Strategie ist klar, denn die von Ihnen titulierten Aluhutträger sind ja keine aufrechten Menschen, sondern dumme Individuen, gegen die Wasserwerfer und Tränengas als Mittel erster Wahl gelten. Dieser Meinung war übrigens auch Honecker. Stück für Stück werden zu Ihrem Machterhalt die Demokratie ausgehöhlt, Grundrechte zerstört und die Gesellschaft gespalten. Eine Meisterleistung, Merkel!

21. NOVEMBER 2020

Für das Versagen, den Dilettantismus der Politik zahlt wer? Richtig, immer der Bürger, der Leistungsträger, der anständige und brave Steuerzahler. Jener, der Monat für Monat 50 % seines Einkommens dem Staat und dessen frühdementem Wegelagerer im Finanzministerium, der spätpubertierenden türkisen Doppelnull, löhnt. Jene Arbeitnehmer und Arbeitgeber, die zwar rein virologisch zu alt sind, um mündig, frei und selbstbestimmt zu entscheiden, von den Medien als gefährdete Risikogruppe tituliert werden, aber für die Steuervögte des Systems dennoch gesund genug sind, um in Zukunft weiterzuarbeiten. Die Nebel lichten sich, schneller als gedacht, die ersten Rechnungen für das politische Multiorganversagen des Staates werden ausgestellt. Und wer geglaubt hat, der Staat habe uns die Zeit auf der Netflix-Couch geschenkt, der Kanzler habe uns die Chips und das Popcorn gesponsert, oder der unter dem Waldheim-Syndrom leidende Gernot im Finanzministerium habe die Milliarden an Hilfsfonds-Geldern aus dem eigenen Hintern gezaubert, der irrt sich. Gewaltig.

Das Erwachen aus dem virologischen Dämmerschlaf wird dramatisch sein. Still und heimlich, abseits der täglichen Dosis medialer Schreckensnachrichten, ist die sogenannte Hacklerregelung beerdigt worden. „Hacklerregelung", ja, was ist das? Das ist der ins nun gekippte Gesetz gegossene Grundsatz, wonach 45 Beitrags- und Arbeitsjahre genug seien, um abschlags-

und sorgenfrei in die Pension gehen zu können. Das sind also die ersten Opfer, die heutigen Leistungsträger aller Altersgruppen. Und die zweiten Opfer, die viel gerühmten und gelobten Handelsangestellten, die die Zeche dafür, dass das idiotische Quartett in der Bundesregierung mit seiner Lockdown-Politik die Wirtschaft zerstörte, statt das Gesundheitssystem hochzufahren, nun mit der Sonntagsarbeit zahlen sollen. Und ohne Wirtschaft keine Arbeitsplätze. Und ohne Wirtschaft und ohne Arbeitsplätze keine Steuern mehr. Aber diese ökonomische Weitsicht kann man von einem Studienabbrecher und einem Volksschullehrer nicht erwarten. Also: Die künftigen Pensionisten, die heutigen Arbeitnehmer und Arbeitgeber arbeiten locker 47 bis 50 Arbeits- und Beitragsjahre lang. Die Handelsangestellten in Zukunft sieben Tage die Woche. Nein, nicht die Chinesen haben – frei nach dem Verursacherprinzip – für ihre Wuhaner Labordelikatesse gezahlt, deren Wirtschaft brummt. Nein, nicht Amazon wird besteuert, die schreiben die fettesten Gewinne ihrer Firmengeschichte, dank unserer Amazon-Regierung. Wer zahlt die Zeche? Exakt, wir, der Mittelstand. Die Unternehmer dieses Landes, die Arbeitnehmer dieses Landes. Und die Zechpreller in der Regierung waschen sich ihre Hände in Unschuld, verzeihen Sie, in Desinfektionsmittel.

4. DEZEMBER 2020

Und nun trifft uns die Rache jener Länder, die wir in virologischer Überheblichkeit im Sommer bestraften, ihren Sommertourismus willkürlich verhagelten. Der Fluch der bösen Tat des Sebastian Kurz trifft uns nun dort, wo es am meisten wehtut, im Tourismus. Denn seien wir doch ehrlich, die unnötige Diskussion um ein Skiverbot entspringt gerade dieser Hinterwäldler- und Ortskaiserpolitik, die Österreichs Kanzler und seine Kindersoldaten in der Regierung die letzten neun Monate über nahezu perfektionierten. Deutschlands Reiseverbot nach Österreich, Italiens Revanche an unserem Land, ja selbst die Signale aus Kroatien deuten darauf hin, dass wir nun die Rechnung für unsere großmäuligen Reiseverbote erhalten. Nicht unbeträchtliche 7,3 % macht die Tourismuswirtschaft an unserem Bruttoinlandsprodukt aus. Und die nunmehrige Diskussion über ein Skiverbot oder eine fortdauernde Gastro- und Hotelschließung in Skiorten raubt uns selbst diese Ertragsanteile, zerstört die dortigen Tourismusbetriebe, die Zulieferer, und vernichtet wertvolle Arbeitsplätze in ungeahnter Dimension.

Dabei wäre es sehr einfach: Solange Menschen in öffentlichen Verkehrsmitteln zur Arbeit geschickt werden, sollen sie auch im Sessellift auf die Piste können. Solange Menschen ihr Immunsystem beim Sport im Freien stärken, sollen sie es auch auf der Skipiste dürfen. Und solange sich Menschen zwangsweise in langen Schlangen bei den kurzschen Teststraßen anstellen dürfen, können sie dies auch mit Abstand vor der Gondelstation. Kaum nennenswerte Cluster konnten seit März auf die Hotellerie oder die Speisegastronomie zurückgeführt werden. Eine weiterführende Schließung dieser Betriebe ist daher auch aus medizinischer Sicht willkürlich und dient nur einer allgemeinen Symbolpolitik, die das Paniklevel der Bürger eben aufrechterhalten soll, aber keine Evidenzbasis im hysterisierten Kampf gegen die gefürchtete Pandemie findet. Für diese Symbolpolitik der kurzschen Angstmache sind die Milliardenschäden zu groß. Und wenn dann die Regierung nach eingehender Befragung ihrer Hausastrologin – die bisherigen Maßnahmen deuten ja auf einen solchen Ursprung der Willensbildung hin – und bei guter Stimmung im Jänner gnadenhalber denkt, den Wintertourismus wenigstens einigermaßen zu ermöglichen, wird diese leidige Diskussion die Menschheit so nachhaltig verunsichert haben, dass ohnedies kein Mensch mehr an einen kurzen, gesunden Winterurlaub auf den Pisten der österreichischen Naturlandschaft denkt. Auch so kann man alles kaputt machen! Denn fürs Zusperren braucht man bekanntlich kein Hirn.

4. DEZEMBER 2020

Ein Dschihadist bekommt fünf Monate, wird von der Justiz vorzeitig entlassen, begeht einen Terroranschlag und ermordet in Wien vier unschuldige Menschen. Ein Kinderschänder bekommt neun Monate, wird vorzeitig entlassen, resozialisiert, schlägt wieder zu und löscht weiter die Seelen von jungen

Menschen aus. Ein Messerstecher eindeutiger Herkunft fasst 14 Monate aus, aus Toleranzgründen, nach sieben Monaten wird er vorzeitig entlassen, resozialisiert, nach weiteren drei Monaten sticht er wieder zu.

Ein interessanter kleiner Exkurs über die Urteilspraxis der verpolitisierten Justiz Österreichs, diesen Berufsstand, der sich selbst zum Schleppenträger einer räudigen Demokratur reduziert. Heute wurde Karl-Heinz Grasser verurteilt. Er war einst Finanzminister; sein Vergehen: Er war bei der falschen Partei. Nach mehr als 15 Jahren Ermittlungen, einer Reihe von Indizien und keinem einzigen stichhaltigen Beweis. Von einer amtsbekannten Richterin, von der linken Journaille als „Richterin Gnadenlos" tituliert, deren eigener Ehemann im Vorfeld des Prozesses stolz sinngemäß twitterte: „Jeder, der mit Schüssel in der Regierung saß, soll hinter Schloss und Riegel." Experten würden es Befangenheit nennen, leidenschaftliche Verteidiger einer unabhängigen Justiz würden diese Vorsitzende in die Wüste schicken. In Österreich ist es hingegen gelebte Gerichtspraxis, dass sie selbstverständlich bleibt und mit dieser familiären Grundeinstellung vermeintlich objektive Urteile spricht. So ist halt Österreichs Justiz, so präsentiert sich der Rechtsstaat: Denn jeder kennt jeden, alle sind verhabert, treffen sich in Logen oder in Parteien. Keine Krähe hackt der anderen ein Auge aus. Sie sprechen Recht, auch wenn sie ihre Meinung nicht einmal zu verstecken versuchen. Weils eh schon wurscht ist! Und das Volk? Sitzt coronabedingt im Kerker, jubelt ob der Tatsache, dass es einen Großkopferten erwischt hat, und merkt nicht, dass sich dieser Staat schleichend gegen es selbst richtet. Aber morgen rennt schon die nächste Sau über den Dorfplatz und lässt das eigene Schicksal vortrefflich vergessen.

9. DEZEMBER 2020

Getrennt marschieren, gemeinsam kassieren. Während bald 800.000 Menschen in Österreich in Kurzarbeit oder überhaupt arbeitslos sind, bald eine Million Menschen an oder unter der Armutsgrenze leben müssen, also eben kein Einkommen zum Auskommen haben, gönnen sich sämtliche Politiker – übrigens über alle Parteigrenzen hinweg – eine fette Gehaltserhöhung.

Während Sie, liebe Steuerzahler, vielleicht heute nicht wissen, wie Sie die Finanzstundungen nächstes Jahr zurückzahlen sollen, wie Sie die Rückstände der Sozialversicherungsbeiträge zahlen sollen, wie Sie die Milliardenschäden aus dem Corona-Wahnsinn in Ihren Betrieben jemals bewältigen können, während Ihnen die Frage nach Ihrem Arbeitsplatz und Ihrem künftigen Gehalt die Nächte raubt, kassieren Van der Bellen, Kurz und Kogler wohlgepolstert ihre Gehaltserhöhung.

Gehaltserhöhung, Sie hören richtig. Nur der Grund erschließt sich keinem Menschen in unserem Land. Eine Gehaltserhöhung für die höchste Arbeitslosigkeit in der Geschichte? Boni für den höchsten Schuldenstand in der Historie unseres Landes? Und die Opposition, die Helden des Widerstandes und der Transparenz? Die halten ihre Mäuler, denn für ein wenig Bakschisch sind der Idealismus und der Kampf gegen Privilegien und Proporz schnell vergessen. Klassisches Schweigegeld eben. Sie schweigen und halten die Hand auf, flüstern den Mächtigen ein leichtes „Vergelt's Gott" zu, nachdem die Tausender in ihren sündigen Opferstock geflossen sind. Für den selbst ernannten Anti-Privilegienritter Hofer ein neues seidenes Stecktüchlein, damit er seine pannonische Froschherkunft ein wenig großbürgerlicher gestalten kann. Für Frau Rendi-Wagner ein wenig Urlaubsgeld für den nächsten Post-„Corona"-Ausflug nach Saint-Tropez vulgo Tschesolo, und für die NEOS ein bisschen Ersatzgeld, nachdem deren pinker Austro-Oligarch Haselsteiner nicht mehr spenden kann.

Todesmutig werfen sie sich vor Wahlen in die Schlacht, prangern die Abkassierer an. Aber wenn keiner zusieht, wollen sie sich auch am gefüllten Sautrog laben, sich im Schlamm der Privilegien und des schnöden Mammons suhlen. Dann lassen sie es sich gut gehen, auf unsere Kosten. Dann sind die hohlen Parlamentsreden der Lüge gestraft, dann erkennt der Wähler den Unterschied zwischen Schein und Sein, Anspruch und Wirklichkeit, Privilegienkämpfern und Privilegienrittern, vermeintlichen Helden und den wahren Maden im Speck des Steuerzahlers. Dann treffen sich alle im sprichwörtlichen Ibiza wieder. Denn es gilt nach wie vor: Alle sind gleich, manche sind gleicher, oder: Zuerst kommt das Fressen, dann kommt die Moral. Schönen Advent!

11. DEZEMBER 2020

Der österreichische Verfassungsgerichtshof hebt das Kopftuchverbot für Mädchen auf, es sei verfassungswidrig. Die Regelung greife eine bestimmte Religion an. Dies stehe gegen das Gebot der religiösen und weltanschaulichen Neutralität des Staates.

Hört, hört! Die Herren im Talar, von Parteien bestellte Nebengötter von Justitia, unterwerfen sich nun dem bunten Zeitgeist. Die Zeitgeistprostitution im Hermelin – sinnig, stimmig und interessant. Im Übrigen: Der oberste Wächterrat der Islamischen Republik Iran hätte wahrscheinlich nicht anders geurteilt als seine Geschwister im Geiste in Wien. „Allahu akbar", brüllen die Standeskollegen aus Teheran den Freunden in Österreich zu. Die Unterdrückung von kleinen unschuldigen Mädchen, die Frühsexualisierung durch ein frauenverachtendes, erniedrigendes politisches Symbol einer Religion ohne theologisches Fundament übrigens, ist verfassungswidrig? Bravo! Dem unheilvollen Ungeist dieser Erkenntnis folgend müsste auch die brutale Frauenbeschneidung erlaubt werden, die Kinderehe, die Polygamie, die Gewalt in der Ehe als zulässiges Instrument der Erziehung des angetrauten Eheweibes, auch Steinigungen selbstverständlich. Denn Verbote wären ja benachteiligend, oder? Der Staat darf nicht weltanschaulich agieren? Ehrenwerte Richter, das gesamte staatliche Rechtssystem baut auf Weltanschauung. Das Verbot zu töten, das Verbot zu stehlen, all das und vieles mehr findet seinen Ursprung in religiösen Vorschriften jüdischer und christlicher Herkunft, die die staatlichen Konstrukte eben übernommen haben. Unsere Gesetze, also unser Recht wird von Politikern bestimmt, die in den Parlamenten nur auf Basis ihrer jeweiligen Weltanschauung agieren. Und selbst dieses aktuelle Erkenntnis des Verfassungsgerichtshofes ist Weltanschauung, pure Weltanschauung, es ist der Kniefall vor der Scharia. Und warum? Weil nicht die besten und gefestigtsten Juristen des Landes das oberste Gericht des Landes bilden, sondern ausschließlich jene, die den Weltanschauungen der entsendenden Parteien am besten zu Gesicht stehen. Das kommt davon, wenn man willfährige Knechte der Parteiensekretariate Recht sprechen lässt. Georg Christoph Lichtenberg sagte einst richtig: „Um sicher Recht zu tun, braucht man sehr wenig vom Recht zu wissen. Allein um sicher Unrecht zu tun, muss man die Rechte studiert haben."

17. DEZEMBER 2020

„Man muss die Menschen zu ihrem Glück zwingen", verlautbarte jüngst der steirische Landeshauptmann Hermann Schützenhöfer in seinem mehr als verunglückten Plädoyer für eine Impfpflicht. Auch wenn es schwerfällt, aber in Kenntnis der Person Schützenhöfers muss man für seine autokratischen Zwangsbeglückungsfantasien Verständnis aufbringen, denn der leiblich zu einer eigenen Risikogruppe gehörende arme Tropf darbt seit bald neun Monaten in seinem Büro, und mangels Weinfesten, Lokaleröffnungen und Ehrenzeichenverleihungen trübt sich halt langsam, aber sicher der Geist. Für ihn persönlich ist die Zwangsimpfung in der Fülle angemessener fünffacher Dosis vielleicht tatsächlich die letzte Rettung, und sei es auch nur physisch.

Und so wurde er, der vermeintlich starke Landesvater, das schwache Instrument des Sebastian Kurz und startete im Namen des Kanzlers den Versuchsballon für eine Impfpflichtdebatte, die gründlicher nicht in die Hose hätte gehen können. Selbst die wohlmeinendsten Unterstützer einer Impfung wurden damit in Alarmzustand versetzt, Experten schlugen die Hände über dem Kopf zusammen, denn mit Zwang, Bevormundung und Pflicht ist man zumindest im demokratischen Österreich noch nie weit gekommen. Das Recht auf körperliche Unversehrtheit, auf persönliche Integrität wiegt in breiten Teilen der Bevölkerung gottlob noch immer schwerer als die am Köcheln gehaltene Angst und Panik vor „Corona". Faktum ist: Wir wissen noch immer nicht, welcher Impfstoff in unserem Land zur Anwendung kommen wird. Und alle im überhasteten Zulassungsverfahren befindlichen Impfstoffe eint, dass keinerlei Langzeitstudien und damit keine Daten über Langzeitfolgen vorliegen. Daher ist die Zulassung auch eine Notfallzulassung. Nein, ich gehöre nicht zu den Impfgegnern, aber auch nicht zu jener Spezies von gutgläubigen und polithörigen Zeitgenossen, die dieser Tage gleichsam vermelden: „Einem geschenkten Gaul schaut man nicht ins Maul!" Es ist redlich und zeugt von hoher Selbstverantwortung, sich im Vorfeld über alle Vor- und Nachteile gewissenhaft zu informieren, und es wäre die Pflicht der Politik, der Regierung, diesem Wunsch breiter, mündiger Teile der Bevölkerung vollinhaltlich zu entsprechen, anstatt über patscherte Handlanger des Systems ausrichten zu lassen: „Friss oder stirb!" Denn dann sind wir in der endgültigen Bevormundung angelangt, und von dieser haben wir im Rahmen der „neuen Normalität" der Herren Kurz und Angstschober restlos die Schnauze voll!

18. DEZEMBER 2020

Es ist zum Verzweifeln! Erste Welle: Lockdown hart! Zweite Welle: Lockdown weich! Lockdown hart! Lockdown weich! Dritte Welle: Lockdown hart! Winterschlaf! Nun ewiger Lockdown!

Was wie die viagraunterstützten Titel billiger Beate-Uhse-Filme für temporär impotente Individuen klingt, ist die etwas erratische, nicht ekstatische Strategie der österreichischen Bundesregierung im erfolglosen Kampf gegen das selbst hysterisierte Polit-Ebola des Jahres 2020. Die Titel wechseln, die schmierigen Regisseure bleiben immer die gleichen halbseidenen Versager. Und nun ist es wieder soweit: Nach dem März-Lockdown hart, dem November-Lockdown light und dem Dezember-Lockdown hart kündigen nun Tick, Trick, Track und Onkel Rudi Ratlos eine weitere Orgie ihrer gelebten Gesetzes- und Verfassungsbrüche an. Österreich geht nun wie ein Murmeltier in den ewigen Winterschlaf. Warum? Weil diese Regierung bis heute nicht dazu imstande war, Risikogruppen zu schützen. Weil die Hälfte der auf Österreichs Intensivstationen befindlichen Menschen ebenso wie die Hälfte aller Verstorbenen aus Pflegeheimen kommen. Weil der PR-Kanzler zwar das Volk dauerhaft testen will, aber die Mitarbeiter in den risikoreichen Bereichen gerade einmal in der Woche testen kann.

Seit November ist die Gastronomie vernagelt – hat sich die Situation gebessert? Nein! Seit November war bis auf die letzten zwei Wochen der Handel zu. Hat sich die Situation gebessert? Nein! Veranstaltungen und Konzerte sind in Wahrheit seit März dauerhaft verboten. Hat's etwas genutzt? Nein! Seit Monaten werden uns in unterschiedlichen Bereichen Drecksfetzen ums Maul verordnet. Hat's geholfen? Nein! Denn die alten und vorerkrankten Menschen, die aufgrund ihrer körperlichen Konstitution dem Virus hoffnungslos ausgeliefert sind, wie übrigens auch allen anderen Virenerkrankungen, sind nach wie vor ungeschützt, werden in ihrem Pflegebett liegend dem gefräßigen Wuhan-Virus ausgeliefert. 100 % der Menschheit darben im Lockdown, 100 % der Wirtschaft werden vernichtet, 100 % unserer Schüler, der sogenannten Generation „Corona", raubt man ein Jahr. 100 % des gesellschaftlichen Lebens werden eingeschränkt, weil man nicht dazu imstande ist, 10 % zu schützen. Und die Medien applaudieren kritiklos. Gut, wenn man 180 Millionen Euro Werbeetat wie die Karotte vor des gierigen Esels Nase gehängt bekommt, wundert es kaum, dass sich der Maulfetzen wie ein Pappenschloss auswirkt. Aber wenn die Heiligen Drei Könige kommen, verkündet uns der Kindkanzler wie schon zu Ostern die Auferstehung, die befreiende Impfung. Und seine Paladine versuchen derweil, mit der Impfpflicht über die Hintertür, mit einem Impfstoff, dessen Langzeitwirkung wir nicht kennen können, das Volk zu erpressen. Kein Veranstaltungsbesuch ohne Impfung, keine Reise ohne Impfung, kein Flug ohne Impfung, kein Restaurantbesuch ohne Impfung.

Einen kleinen Exkurs in Sachen Impfpflicht gefällig? Es war das Jahr 1939, als der kleine Herr Schicklgruber mit akkurat gestutztem Schnauzer in seiner vom 14. Juli 1939 datierenden Vorschrift „Einführung reichsrechtlicher Vorschriften zur Bekämpfung übertragbarer Krankheiten in der Ostmark" die Impfpflicht im damaligen österreichischen Unrecht einführte. Also, das Motto der türkisen Ohrwaschelautokratie für 2021: Wer einmal schon für Adi war, lässt sich von Basti impfen in diesem Jahr.

Es war kein gutes Jahr! Viele Mitmenschen bangen zur Stunde um ihren Arbeitsplatz, um ihr Einkommen zum Auskommen, um ihre nackte Existenz. Viele Mitbürger sehen ungewiss und ängstlich in die Zukunft. Das Jahr 2020 war ein Jahr der Verwerfung, des vorsätzlichen Irrweges, der geschürten Panik, der Bevormundung und des Zwanges, ja des um sich greifenden Wahnsinns. Grundrechte wurden handstreichartig eingeschränkt und ausgehöhlt, der an sich freie Mensch seiner sozialen, wirtschaftlichen und gesellschaftlichen Unabhängigkeit beraubt. Uns wurde deutlich vor Augen geführt, dass wir in einer in jeglicher Hinsicht endoptimierten Gesellschaft leben: Das Gesundheitssystem, von der Politik endoptimiert, möglichen Gefahren und Risiken schutzlos ausgeliefert. Das Wirtschaftssystem und damit unsere Arbeitsplätze und unsere soziale Sicherheit endoptimiert zum Wohle der Effizienz, der Globalisierung und der Gewinne Einzelner an den Rand des Machbaren gedrängt. Unsere politischen Systeme intellektuell endoptimiert, statt weisen Verantwortungsträgern sehen und hören wir seelenlose, eigenschaftslose Marionetten und Sprechpuppen ohne Visionen, gestalterischen Anspruch und geistige Tiefe. Nicht die Besten sitzen auf den Posten, sondern die größten Pfosten. Unsere Medien, das selbst ernannte Regulativ, seine Ideale von Unabhängigkeit und Objektivität zugunsten finanzieller Egoismen verkauft und verraten. Als Folge dieses Versagens erleben wir unserer Tage eine Spaltung der Gesellschaft. Wechselseitige Argumente werden neutralisiert, Meinungsfreiheit nicht mehr akzeptiert, Kritik autokratisch negiert. Und der Mensch, sich nach Zuneigung sehnend, wurde sozial distanziert. Mahnende Worte hören wir dieser Tage von den Spitzen unserer Staaten. „Alles nicht so schlimm, wir erleben doch keine Not, es gab schrecklichere Zeiten“, wird mit historischem Unterton relativiert. Zumindest versuchsweise. Es stimmt, mit Blick auf vergangene Not und das harte Schicksal vieler Menschen der Gegenwart relativiert sich vieles.

Nur sollten wir uns nicht an den dunkelsten Stunden orientieren, sondern immer nach dem Besten streben und das Gute bewahren, ja verteidigen!

Heute ist Weihnachten! Stille Nacht, heilige Nacht. Das wohl schönste Weihnachtslied der Welt wird dem Zauber dieses besonderen Momentes gerecht. Und trotz des Rucksacks an Zweifeln und Sorgen feiern wir bewusst diese Tage in einem so besonderen Jahr. Denn wir wissen: Weihnachten ist Güte, Liebe und Frieden! Und Weihnachten ist Zuversicht, Glaube und Hoffnung! Diese Werte sind gerade in unseren Zeiten wichtiger denn je! In diesem Sinne wünsche ich gesegnete, friedvolle und liebevolle Weihnachten. Vor allem auch jenen Menschen, die dieser Stunden allein und einsam sind. Seien Sie sich versichert, wir verbinden uns und feiern gemeinsam. Bedenken Sie immer: Unsere Leben sind in guten Händen, in unseren eigenen! Frohe Weihnachten!

30. DEZEMBER 2020

Wir fassen zusammen: 81 Millionen Menschen weltweit wurden seit Beginn des Jahres 2020 bis zum Ende dieses virologischen Annus horribilis dieser Tage mit „Corona" infiziert. Gemessen an der Zahl der Weltbevölkerung mit immerhin 7,8 Milliarden Menschen stellt sich nach wie vor die berechtigte Frage, inwieweit die Reaktion der westlichen Regierungen auf diese vergleichsweise kleine Pandemie, die gerade einmal ein Prozent aller Weltenbürger erreichte, nicht den teuersten Fehlalarm aller Zeiten darstellt. Die Aufklärung des Geschehenen, der damit einhergegangenen Entscheidungen, der sämtliche unserer Vorstellungskräfte übersteigenden Kollateralschäden wird uns noch Jahre, wenn nicht sogar Jahrzehnte begleiten. Die „rettende Impfung" stellt zumindest tatsächlich den viel beschworenen „Game Changer" dar, zumal sie den Regierungen die erlösende Möglichkeit gibt, ohne Gesichtsverlust und ohne Eingeständnis der sich verheerend auswirkenden Fehlentscheidungen diese Pandemie und die damit verbundene Angst und Panik für beendet zu erklären. Unabhängig davon übrigens, ob diese Impfung nun wirksam ist oder nicht, ob sie Nebenwirkungen generiert oder Langzeitfolgen hinterlässt. Wurscht! Die Impfung ist da, das Ende der Pandemie in Bälde verkündet, die Rettung der Menschheit eingetreten und die vermeintlichen Retter, sprich die Staats- und Regierungschefs in erster Reihe, als Helden in die selbst gezimmerte Geschichte eingegangen. Eine Rettung der Bürger vor ihren eigenen Politikern, die mit dem frühjährlichen Blick auf das seit Jahrzehnten dahinsiechende Gesundheitssystem der Lombardei der Welt den Stecker gezogen haben, aus Angst vor dem nahenden Tod wirtschaftlichen, sozialen und gesellschaftlichen Selbstmord begingen. Einziges Problem: Es war nicht die erste Pandemie, und es wird nicht die letzte gewesen sein. Daher wäre es angebracht, trotz der medial inszenierten Impfshow die Lehren aus diesem vergangenen Jahr zu ziehen, denn es sollte ja selbst dem Dümmsten einleuchten, dass wir diesen Wahnsinn nicht nach Belieben alle paar Jahre wiederholen können. Das Hauptaugenmerk liegt auf den Gesundheitssystemen, seit Jahren zu Tode optimiert, der Effizienz geopfert. Hier ist komplettes Umdenken angesagt! Und der zweite entscheidende Punkt ist die geistige Verfasstheit unserer Demokratien, deren brüchigem Zustand wir es zu verdanken haben, dass leichtfertig Grund- und Freiheitsrechte ausgeschaltet, Gesetzesbrüche zulasten der Bürger begangen wurden. Zur Behebung der Letzteren gibt es keine Impfung, sondern nur zivile Wehrhaftigkeit!

5. JÄNNER 2021

Eine äußerst unwürdige Diskussion bewegt den gackernden Hühnerstall Österreich, und jedes politische Würstel gibt seinen Senf dazu ab. Dürfen Demonstrationen, von wem und mit welchem Ziel auch immer, während der panischen Grippe stattfinden, lautet die Gretchenfrage. Und trotz der unterschwelligen Versuche der Relativierung und Biegung unseres Verfassungsrechts, der primitiven Neutralisierung der Anliegen der gegenwärtigen Demonstranten durch deren Titulierung als „Covidioten", „Aluhutträger" oder „Rechtsextreme" ist schlicht mit der Verfassung, deren Schönheit der Bundespräsident bei jeder Gelegenheit bemüht, zu antworten: Die Versammlungsfreiheit ist ein hohes Gut des Rechtsstaates und daher auch im Wege der Europäischen Menschenrechtskonvention in der Verfassung als unverbrüchliches Recht der Bürger verankert. Punkt! Und dieses heilige Recht galt ebenso für die abstands- und maskenlosen, übrigens medial viel bejubelten,

Massendemonstrationen zur postumen Heiligsprechung eines amerikanischen Kriminellen namens George Floyd während der frühjährlichen Pandemiebeschränkungen als auch für die in unseren Städten periodisch stattfindenden Demos der Kurden auf ortsfremdem Boden als auch für die unser gesamtes Leben ständig lahmlegenden Demos der „Fridays-for-Future"-Jünger als auch für die nunmehrigen Demonstrationen gegen die teils offiziell verfassungswidrigen Corona-Maßnahmen der Regierung. Jeder, der an diesem Recht rüttelt, es einer parteipolitischen Relativierung aussetzt, zwischen „guten" und „bösen" Demonstrationen unterscheiden will, zielt daher in Wahrheit direkt auf die Verfassung und schlussendlich die demokratischen Rechte der Bürger ab, stellt sich im wahrsten Sinne des Wortes außerhalb des Verfassungsbogens. Dass ausgerechnet die türkise ÖVP, deren Vordenker Andreas Khol diesen berühmten Verfassungsbogen zimmerte, nun im Wege ihrer provinziellen Paladine gegen das Demonstrationsrecht mobilmacht, also mit dem rhetorischen Presslufthammer an den Grundfesten der Verfassung stemmt, ist bemerkenswert. Zumal gerade die ÖVP angesichts ihrer historisch zweifelhaften Gründungsgeschichte eine besondere Verantwortung hätte. Und dass ausgerechnet die GrünInnen solche Demos verbieten wollen, deren Gründerväter ihre demokratische Freiheit im Pflastersteineschmeißen im Zuge der Opernball-Ausschreitungen gesehen haben, darf als Treppenwitz der Geschichte gewertet werden.

13. JÄNNER 2021

Die Geister, die er rief, waren auf einmal los. Und der Sturm auf das Kapitol, das Herz der amerikanischen Demokratie, war die wenig überraschende und logische Folge des wochenlangen Propaganda-Bombardements, das Trump auf seine 75 Millionen Wähler niederließ. Keine Gelegenheit verstrich, ohne dass der Wahlverlierer seiner Anhängerschaft unverhohlen suggerierte, sie sei das Opfer von Wahlbetrug geworden. Und keine Gelegenheit ließ das Establishment aus, die Wähler von Trump pauschal als Rechtsextreme, Nazis, also als Outlaws zu verleumden, zu beleidigen. Und aus diesem gegenseitig geschürten Misstrauen, dieser Spaltung der Gesellschaft, dem jahrelang betriebenen Wegfall der bürgerlichen Mitte, ist es eben nur ein kurzer Weg, bis sich das sich entrechtet fühlende Volk auf den Weg macht. Natürlich schockieren die Bilder aus den USA. Sie sind eben das Substrat einer polarisierten Bevölkerung, zu deren gegenseitiger Versöhnung weder der amtierende Präsident willens noch der künftige Amtsinhaber in der Lage ist. Vergleiche der „Capitol Riots" mit der Reichskristallnacht, also den Novemberpogromen, wie jüngst vom ehemaligen Gouverneur Schwarzenegger gezogen, sind nicht nur falsch, eine dumme und respektlose Verharmlosung der Verbrechen des Nationalsozialismus, nein, sie tragen auch nicht zum notwendigen Brückenbau in den Staaten bei. Und die nunmehr vollzogene Sperrung der Social-Media-Accounts des Präsidenten durch Facebook, Twitter und Co. im Übrigen auch nicht. Ganz im Gegenteil, sie bestätigt doch Trumps größtmöglich geschürte Verschwörungstheorien, dass eine kleine Minderheit von Milliardären das absolute Monopol auf Meinung habe, nach Belieben Zensur ausüben könne. Jüngstes Beispiel des Versagens einer heilsamen Kommunikation auf beiden Seiten war die Absage der Teilnahme Trumps an der Amtseinführung Bidens am 20. Jänner. Statt dem Format eines künftigen Präsidenten zu entsprechen und über das kleinkindliche Verhalten Trumps vornehm hinwegzusehen, feuerte Biden aus vollen Rohren zurück. Er sei froh, wenn er Trump bei seiner Inauguration nicht sehe. Beide haben den Wahlkampfmodus, also die krampfhaft betriebene größtmögliche Herausarbeitung der Unterschiede, nicht verlassen. Es wird weiterhin polarisiert, es wird weiterhin gegenseitig beleidigt, es wird das Volk weiter und unablässig gespalten. Die USA brauchen nicht nur eine neue politische Elite, sie brauchen in erster Linie einen Psychotherapeuten, einen versöhnenden Mediator, der diese Gräben zuschüttet.

15. JÄNNER 2021

Bis vergangenen Mittwoch befand ich mich in 14-tägiger behördlicher Absonderung, wie man die staatliche Zwangsmaßnahme zum Schutz vor dem hysterisierten Polit-Ebola nennt. Zweimal bestand die reale Möglichkeit, mich mit dem hochinfektiösen, alles dahinraffenden Virus angesteckt zu haben. Und zweimal war mein Immunsystem offensichtlich so stark oder meine genetische Beschaffenheit so perfekt, dass ich alle virologischen Angriffe aus dem Reich der Mitte, sprich dem Wuhaner Fledermauslabor, erfolgreich abwehrte. Als enge Kontaktperson habe ich mich nicht infiziert, geschweige denn bin ich krank geworden oder gestorben. Sie sehen: Ich lebe und bin pumperlgesund! Jeden Tag lesen wir die Horrorgeschichten von Sterbenden, von überfüllten Spitälern, sehen Fotos von Särgen, ja sogar Röntgenbilder geschädigter Lungen werden uns frei Haus via Medien geliefert. Seit elf Monaten wird das Sterben inszeniert, unser gesamtes Leben ist nun ein großer Totentanz. Und Journalisten suchen mit der Lupe, gleichsam wie die Stecknadel im Heuhaufen, einzelne Patienten heraus, mit deren Schicksal sie uns Angst und Panik einimpfen. Jeden Tag, seit elf Monaten, trommelt die Botschaft des Weltuntergangs auf uns hernieder, des Armageddons, des Infernos. Jeden Tag dienen die Schicksale einer im Verhältnis zur Gesamtpopulation geringen Anzahl von Menschen dazu, unseren Blick in die Hölle des Virentodes zu richten. Tagein, tagaus. In allen Nachrichtensendungen, in allen Tageszeitungen, in all den Pressekonferenzen der Politiker. Die Geschichte, nein, vielmehr: die Gesichter der Gesunden sehen und hören Sie nicht. Die bleiben Ihnen verborgen, solange es Politiker und Medien gibt, die uns jeden Tag unseren eigenen Tod ankündigen, um ihre Maßnahmen zu rechtfertigen. Meine Geschichte hören und sehen Sie daher nicht: Ich bin gesund und munter, fröhlich, unabhängig und frei. Ich habe keine Angst vor dem Risiko des Lebens, ich verfalle nicht vor den Unwägbarkeiten des Alltages in Panik. Mitbürger sind keine potenziellen Virenträger, sondern Mitmenschen, denen ich ohne Furcht begegne. Ich mache bei dieser Enthumanisierung der Gesellschaft, bei dieser Zerstörung der Wirtschaft nicht mit! Diese Botschaft werden Sie wahrscheinlich nicht in den Medien hören, umso wichtiger, dass sie gesagt wurde.

Wie lange noch? Wie lange lassen wir es noch zu, dass unter dem Vorwand einer Pandemie von vielen im Wege eines vor bald einem Jahr ausgerufenen Notstandes die Demokratie, unsere Verfassung, unser Parlamentarismus und unser Rechtsstaat zwangsvorgeführt, ja autokratisch geschändet werden? Wie lange werden noch unter dem Vorwand einer Pandemie von vielen unverbrüchliche, unteilbare und unveräußerliche Grundrechte von einst freien, unabhängigen, rechtschaffenen und mündigen Bürgern eingeschränkt? Wie lange gibt man unfähigen Politikern noch die Macht, unter dem Vorwand einer Pandemie von vielen alle Bereiche unserer Wirtschaft unwiederbringlich zu zerstören? Wie lange geben wir der Hysterisierung, der dramatischen Hochstilisierung eines Virus von vielen noch den absoluten Einfluss, unsere Arbeitsplätze und damit eine Heerschar von Existenzen nachhaltig zu vernichten? Wie lange erlauben wir einer Regierung noch, dass sie uns tagein, tagaus nachweislich betrügt und belügt, kopflos reagiert, dilettiert? Wie lange gestehen wir den Regierungsspitzen noch zu, dass sie mit Vorsatz unsere Gesellschaft spalten und uns, das Volk, gegeneinander aufhetzen? Wie lange lassen wir es noch zu, dass anerkannte Experten, die aus dem Meinungsregime der Regierung mutig ausbrechen, als Covidioten und Verschwörungstheoretiker diskreditiert, regelrecht gebrandmarkt werden? Wie lange sehen wir noch zu, wie unseren Kindern ein Jahr ihrer Bildung gestohlen, ein Jahr ihrer Zukunft geraubt wird? Wie lange ertragen wir es noch, dass unsere Kunst und Kultur als tragende Säulen unserer Gesellschaft in Geiselhaft gehalten werden? Wie lange schauen wir noch zu, wie anständige, rechtschaffene und friedlicher Kritiker dieser Maßnahmen als Nazis und Rechtsextreme abgestempelt werden? Wie lange ertragen wir noch die Bevormundung und Entmündigung durch intellektuell längst zu besachwaltende Politiker? Wie lange gedenken wir noch, uns die Bewegungsfreiheit Hühnern in einer Legebatterie gleich einschränken zu lassen? Benjamin Franklin sagte einst: „Wer die Freiheit aufgibt, um Sicherheit zu gewinnen, wird am Ende beides verlieren!“ Also, liebe Leute, wie lange wollt ihr euch noch wehrlos eure Freiheit rauben lassen?

27. JÄNNER 2021

„Sleepy Joe" Biden ist neuer US-Präsident, und angesichts des Jubels in den europäischen Politzirkeln und Medien könnte man ja fast meinen, wir hätten ein neues Staatsoberhaupt auf dem alten Kontinent ins Amt eingeführt. Das kollektive Aufatmen von Merkel, Macron und Co. ist zumindest unüberhörbar, und die Hoffnungen in den neuen alten Mann im Oval Office groß. Dem Publikum wird vermittelt, es werde sich die US-Politik nun grundlegend ändern, alles werde unter dem Demokraten besser, in Amerika flössen nun Milch und Honig, und so nebenbei sei auch der Weltfriede gesichert. Wenn hier die europäischen Staatschefs nicht die Rechnung ohne den Wirt machen, wie immer. Denn dieser Jubel wird sich schnell wandeln, wenn der langjährige Vizepräsident der Obama-Administration wieder mit dem außenpolitischen Feuer spielt, genau wie sein damaliger Chef, der Friedensnobelpreisträger, und in guter alter Tradition der Vereinigten Staaten auf Befehl der einflussreichen Rüstungsindustrie, der noch einflussreicheren Ölindustrie – ja, tatsächlich, im Land der Freiheit diktiert die Wirtschaft die Politik – die nächsten Kriege anzettelt. Jeden Tag wird uns doch in Europa vor Augen geführt, wie segensreich die Militärinterventionen der USA im Nahen Osten waren. Man denke an Libyen, von dem nur mehr Schutt und Asche übrig sind. Oder den Irak, zur Unkenntlichkeit entstellt. Oder Syrien, dessen Machthaber Assad auf Befehl der US-Friedenstruppen hätte vertrieben werden sollen. Ja, das Ergebnis dieser US-Politik sehen wir in den Flüchtlingsströmen, in der Situation auf den griechischen Inseln, im humanen Faustpfand des Despoten Erdoğan, der uns mit den übrig gebliebenen Massen des von den USA diktierten und bezahlten „Arabischen Frühlings" erpresst. Aber Hauptsache, Trump ist weg und der Neue im Amt ist dem Pariser Klimaabkommen, einem Buchstabensalat von der Wertigkeit einer Rolle Klopapier, wieder beigetreten. Dafür können wir edlen Europäer doch wieder einige Kriege in Kauf nehmen. Oder?

Es war ein weiterer Sündenfall dieser Regierung, Demonstrationen aus niederen, parteipolitischen Gründen im Vorfeld verbieten zu wollen. Natürlich ist es strategisch nachvollziehbar, dass Kurz und Nehammer – die Vertreter der neuen, durchgestylten türkisen Schnöseltruppe (© Werner Kogler) – Bilder von Hunderttausenden kritischer Bürger wie der Teufel das Weihwasser scheuen. Der erfolgsverwöhnte Messias an der Spitze der ÖVP war den Widerspruch seines eigenen Volkes bis dato nicht gewohnt; das kollektive Misstrauen, das eine Mehrheit der Bevölkerung dieser Regierung nun vehement entgegenbringt, passt eben nicht in die von einer gut geölten PR-Maschinerie erzählte Erfolgslegende. Doch haben Kurz und Nehammer hier einen entscheidenden, ja unverzeihlichen Fehler gemacht. Sie haben das in der österreichischen Bundesverfassung und Europäischen Menschenrechtskonvention fest verankerte, ja juristisch heilige Versammlungs- und Demonstrationsrecht gebrochen und sich somit als Regierung selbst außerhalb des viel zitierten Verfassungsbogens gestellt. Mit Blick auf die Tatsache, dass Kurz selbst während der Pandemiebekämpfung erst unlängst eine abstands- und maskenlose Wahlkampfveranstaltung im Vorarlbergerischen Kleinwalsertal organisierte, waren die offenkundig verfassungswidrigen Demoverbote mehr als durchsichtig. Und so kam es, wie es kommen musste: Aktion erzeugt Reaktion, diese einfache Weisheit dürften die Heerscharen an PR-Beratern – also intellektuellen Stützrädern – der Regierung gänzlich vergessen haben. Aus den erst untersagten Demonstrationen wurden schlussendlich friedliche Protestzüge von Freiheitskämpfern wider die Repressalien einer Regierung, der so ziemlich alles entglitten ist. Und auch der nunmehrige Versuch, kritische Bürger als Nazis zu diskreditieren, kann nicht darüber hinwegtäuschen, dass den Tausenden Bürgern ein größerer Erfolg als der erfolglosen Regierung gelungen ist. Denn eine Regierung, die sich vor dem eigenen Volk fürchtet, ist am Ende.

Wenn man einen zerstörerischen Irrweg geht, der nachweislich keinerlei Nutzen und nur Schaden bringt, geht man diesen ganz in alter preußischer Tradition unbeeindruckt, stoisch und stur weiter. Zumindest dann, wenn man in Deutschland regiert, Merkel, Spahn oder Söder heißt und nach dem Motto „Befehl ist Befehl, wir schaffen das" lebt. Ja, Einbildung ist auch eine Bildung. Die deutsche Wach- und Schließpolitik wird unbeirrt und abseits jeglicher Verhältnismäßigkeit und Vernunft fortgesetzt, koste es, was es wolle, auch wenn es einem entgleitet. Ungeachtet der Tatsache, dass diese Lockdowns auf die politisch wie medial hysterisierten Infektionszahlen – seit Tagen durchschnittlich ca. 10.000 Fälle bei 83 Millionen Einwohnern – keinerlei Auswirkungen mehr haben. Egal, wir fahren mit Vollgas an die Wand, Kollateralschäden werden locker in Kauf genommen. Denn die Existenzgrundlage, die man dem gesamten deutschen Volk, allen Familien, Arbeitnehmern, Unternehmern, Freiberuflern, Frauen und Männern raubt, wird für die Dirigenten dieses Wahnsinns steuergeldfinanziert aufrechterhalten. Egal, wie falsch sie liegen, egal, wie oft sie lügen, egal, wann immer es ihnen entgleitet. Für ein Virus, von dem 99,8 % der Infizierten – zumindest laut Studien des Heiligen Grals WHO – problemlos gesunden. Wir erinnern uns: Der anfängliche Grund für den kollektiven Selbstmord aus Angst vor dem nahenden Corona-Tod war das ach so gefährliche, bis dato gänzlich unbekannte, exotische Virus, das selbst Ebola in den Schatten stellen, uns alle dahinraffen sollte. Nachdem sich diese Anamnese, die die Volkswirtschaft Milliarden Euro gekostet hat, eindeutig als falsch herausstellte, argumentiert das idiotische Trio nun mit dem Schutz des Gesundheitssystems. Jenes Bereiches, den die Damen und Herren Machthaber selbst über Jahre und Jahrzehnte hinweg aus Sparsamkeit und Effizienz zu Tode gespart haben. Aber selbst diese widrigen Umstände haben die Spitäler nicht kollabieren lassen. Und so beträgt zum heutigen Tage die Auslastung von Deutschlands Intensivbetten mit Corona-Erkrankten je nach Bundesland gerade einmal zwischen 11,2 und 26,3 %. Mehr als 15.000 Intensivbetten inklusive der für COVID-Patienten reservierten Notfallreserve sind frei! Hingegen hängt die gesamte deutsche Volkswirtschaft, jeder Arbeitsplatz, schon längst in der Palliativmedizin, sprich: in der Sterbebegleitung. Ganze Berufsgruppen stehen vor den Ruinen ihrer Existenz, der Anstieg der Arbeitslosigkeit ist so hoch wie seit dem Zweiten Weltkrieg nicht mehr. Der Anstieg an psychiatrischen Erkrankungen bei Jung und Alt ist so hoch wie nie. Merkel, Spahn und Söder, die Auslöser für eine generalisierte Angststörung eines gesamtes Volkes, das – seiner Grund- und Verfassungsrechte beraubt – mit letzter Kraft wimmert: „Ich halt still, wenn Merkel es will."

17. FEBRUAR 2021

Die einzige Grundvoraussetzung, die ein Staatsbürger auf dem Weg in die Politik mitzubringen hat, ist, über jeden Verdacht erhaben zu sein. Denn seine ursächliche Aufgabe besteht darin, stellvertretend für das Volk als moralische Instanz darüber zu bestimmen, wie die Menschen unseres Landes zu leben haben. Ein oberstes Organ der Republik, amtierender Bundesminister für Finanzen, der in einem Strafverfahren als Beschuldigter geführt wird, sodass die Justiz von Amtes wegen seine Wohnung filzt, ist wohl nicht nur einzigartig in der Geschichte unseres Landes, sondern auch eine Katastrophe für das Ansehen und die Würde unserer politischen Führung und ihrer Ämter. In jedem anderen Land der Welt, ausgenommen in korrupten Schurkenstaaten, würde ein solcher Vorgang zum sofortigen Rücktritt führen. Aber was will man sich von so einer gelebten politischen Kultur anderes erwarten, in der ein Innenminister vier Tote eines Terroranschlages mit verantwortet und das aussitzt, ein Nationalratspräsident mit Hang zu dunklen Gesellen gleichzeitig Vorsitzender eines Ausschusses zur Bekämpfung von Korruption ist und das aussitzt, ein Landespolitiker sich einen mittlerweile aberkannten akademischen Grad erschleicht und dafür mit dem Vorsitz im Bundesrat belohnt wird und eine Wirtschaftsministerin Millionen Steuergeld für dubiose Internetplattformen ausgibt und das aussitzt. Die Gefahr ist, dass diese türkis-grüne Regierung uns nicht nur direkt in den wirtschaftlichen Abgrund führt, sondern durch die Reaktionslosigkeit gegenüber diesen ungeheuerlichen Vorfällen einen moralischen und charakterlichen Morast offenbart, den man bis dato nur von den italienischen Christdemokraten der 1990er-Jahre gewohnt war. Das führte damals zur Aktion „Mani Pulite" – diese sauberen Hände bräuchte unsere Republik wie einen Bissen Brot. Denn das folgenlose Hinunternivellieren von Anstand und Moral erschüttert nicht weniger als unsere Demokratie in ihren Grundfesten.

19. FEBRUAR 2021

Merkel,
wie erklären Sie einer Mutter, dass ihr Kind aufgrund Ihrer Politik schwere psychische Schäden erleidet, die den jungen Menschen vielleicht ein Leben lang begleiten werden?

Merkel,
wie erklären Sie einem deutschen Kneipenbesitzer, dass Sie, Merkel, sein Lokal seit Monaten geschlossen halten, er vor den Ruinen seiner einstigen Existenz weint, während er Bilder aus Spanien, aus Italien, aus Südafrika, aus Serbien, Kroatien, Schweden und vielen anderen europäischen Ländern bekommt, wo die Menschen zumindest tagsüber die Gastronomie genießen können, der Wirt Umsätze macht?

Merkel,
wie erklären Sie einem Enkel, dass seine Großmutter im Pflegeheim gestorben ist, weil Sie sowie Ihre Knechte Söder und Spahn bis heute nicht in der Lage waren, die Risikogruppen zu schützen?

Merkel,
wie erklären Sie einer Tochter, deren Vater über 90 Lebensjahre alt ist, mehrfach vorerkrankt, und der seit Dezember auf eine Impfung wartet, dass Sie samt Ihrem siamesischen Zwilling Uschi von der Leiden diese nicht bestellt haben?

Merkel,
wie erklären Sie einem deutschen Unternehmer, dass die deutsche Realwirtschaft die größten Verluste seit Jahrzehnten

schreibt, während Länder wie Belgien, Tschechien, Portugal, Spanien, Schweden, Lettland oder Litauen ein Wirtschaftswachstum verzeichnen?

Merkel,
wie erklären Sie einem deutschen Arbeitnehmer, dass er nun mit Mitte fünfzig arbeitslos geworden ist, weil Sie seinen Betrieb in den Konkurs gejagt haben?

Merkel,
wie erklären Sie einem deutschen Ehemann, dass seine Frau nun todkrank ihrem Ende entgegensieht, weil durch Ihre Sperre des Gesundheitswesens, der verbreiteten Angst und Panik, die Brustkrebs-Vorsorgeuntersuchung ausgelassen wurde?

Merkel,
wie erklären Sie zwei Kindern, dass deren Vater sich wegen Hoffnungslosigkeit und schweren Depressionen aufgrund Ihrer Politik das Leben genommen hat?

Merkel,
wie erklären Sie Eltern, dass Sie samt Ihren virologischen Stoßtrupps Drosten, Spahn und Söder den Kindern dieses Paares ein Jahr an Bildungschancen, ein Jahr an Berufschancen genommen haben?

Merkel,
wie erklären Sie deutschen Hartz-IV-Empfängern, dass Sie aufgrund der desaströsen budgetären Situation in Zukunft die Sozialleistungen kürzen werden?

Merkel,
wie erklären Sie Ihrem Volk, dass Sie seit sechs Jahren nur mehr reagieren, statt zu agieren, dass Sie spalten, statt zu einen, dass Sie versagen?

Merkel,
wie erklären Sie, die Nachfahrin der ideologischen Missgeburt DDR, Ihrem freien Volk, dass Sie Grund- und Freiheitsrechte beschränken, dass Sie mit Lüge und Zensur arbeiten?

Sie können es nicht erklären, wie Sie auch nichts geschafft haben und Ihnen alles entglitten ist.

21. FEBRUAR 2021

Die sehr eigenartige Erkenntnis nach einem Jahr „Corona"
Der Mensch fliegt auf den Mond, die Regierungen der Welt schicken dank der Errungenschaften unserer Wissenschaft Sonden auf den Mars, führen technologische Kriege gegen Schurkenstaaten gleichsam vom Homeoffice aus, die gesamte Welt wird überwacht, wir sind aber selbst nach einem Jahr nicht in der Lage, die Herkunft eines ordinären Virus zu eruieren? War es die geblatene Fledelmaus vom Wildtiermarkt, die unsere westliche Gesellschaft ruiniert, oder doch das Kampfstofflabor in Wuhan? Der moderne Mensch darf's gegenüber dem größten Kreditgeber der Welt nicht klären? Eigenartig!

Unsere Regierungen schützen vorgeblich ganze Volkswirtschaften, siehe Griechenland 2008; jede Bank, die durch ihre miesen Spekulationen und Betrügereien ins Wanken gerät, wird mit unserem Steuergeld in der Sekunde gerettet, „koste es, was es wolle". Sie stützten mit abstrakten Milliardenbeträgen eine Währung für 341 Millionen Menschen, den Euro, vor dem totalen Absturz, sind aber nicht in der Lage, den Wirt ums Eck, das Modehaus am Platz oder das Fitnessstudio im Ort vor dem Corona-Tod zu retten? Eigenartig!

Unsere Medizin heilt die meisten Krebsarten, selbst HIV mutiert dank der Wissenschaft zu einer vergleichsweise harmlosen chronischen Krankheit, wir transplantieren mittlerweile jedes Organ am OP-Laufband. Pest, Cholera, Typhus wurden ausgerottet, aber vor einem klitzekleinen Virus, einem von Millionen aus dem Reich der Mitte, gehen wir in die Knie, opfern wir unsere gesamte Wirtschaft, gefährden die Demokratie, rauben den Menschen Wohlstand und Freiheit? Eigenartig!

Die Europäische Union dirigiert die Leben von 446 Millionen Menschen. Dieser künstlich geschaffene Superstaat verfügt über eine Regierung, wenngleich demokratisch nicht legitimiert, über ein eigenes Parlament, über eine eigene Währung. Die EU erhebt sich Jahr für Jahr über uns, reguliert mit Tausenden Verordnungen die Leben einzelner Menschen, ist aber nicht in der Lage, einen richtigen Impfstoff zu bestellen? Sehr eigenartig!

Für Terroristen zetteln wir Kriege ohne Ende an, wir vermuten Atomwaffen, wo es keine gibt, destabilisieren für den Kampf gegen den Terror den ganzen Nahen Osten. Nun wird unsere Wirtschaft gleichsam terroristisch angegriffen, wir schlittern in die größte Wirtschaftskrise seit dem Zweiten Weltkrieg. Die Pandemie ist in Summe ein Vernichtungsfeldzug gegen die Restbestände unserer Industrie und Wirtschaftsleistung. Nur ein Land jubiliert, dessen Wachstum wird mit plus 7 % prognostiziert. Aber hier schweigen wir, halten uns nobel zurück, die Thematisierung der Verschuldensfrage wird unterdrückt, Reparationszahlungen, Strafzölle, Wirtschaftsembargos gegen den Verursacher werden gemieden wie das Weihwasser vom Teufel. Doppelt eigenartig.

Die Menschenrechte gelten uns als unteilbar, ja als heilig. Wir erinnern uns, zugunsten der allumfassenden Menschenrechte nehmen wir ja selbst Gewalt in unserer Gesellschaft oder Terror in Kauf: Auch die offenen Grenzen sind für die Regierungen Europas ein unantastbares Dogma gewesen, egal, wie groß auch immer das „Wir-schaffen-das“-Risiko war. Nun sind die Menschenrechte zumindest für uns außer Kraft, werden relativiert, teilbar, schlicht vergessen, die Freiheit wird eingeschränkt, Menschen ihrer verbrieften Bürgerrechte, auch der Meinungsfreiheit beraubt. Und ja, die Grenzen sind übrigens geschlossen.

Ein Jahr „Corona“: Es offenbart die Doppelzüngigkeit, die Wertelosigkeit der Regierenden, die Heuchelei unserer Zeit, die Relativierung der eigenen Ansprüche. Es opfert unseren Wohlstand, es untergräbt unsere Grundrechte, es schränkt unwidersprochen unsere Freiheit ein. Ein Jahr „Corona“, und die, die wir gewählt haben, uns zu schützen, versagen!

Aus unserem Programm

ISBN 978-3-99081-022-4

ARES VERLAG
Graz – Stuttgart
www. ares-verlag.com

Aus unserem Programm

ISBN 978-3-99081-029-3